Jogo, mimese e socialização

Os sentidos do jogar coletivo na infância

Jogo, mimese e socialização

Os sentidos do jogar coletivo na infância

Tamara Grigorowitschs

Copyright © 2011 Tamara Grigorowitschs

Publishers: Joana Monteleone/Haroldo Ceravolo Sereza/Roberto Cosso
Edição: Joana Monteleone
Editor Assistente: Vitor Rodrigo Donofrio Arruda
Assistente editorial: Patrícia Jatobá U. de Oliveira
Revisão: João Paulo Putini
Projeto gráfico, capa e diagramação: Patrícia Jatobá U. de Oliveira

Imagem da capa: *Schulpause im Winter* (Recreio escolar no inverno). Cuno Amiet, 1909.
Contracapa: *Spielende Kinder* (Crianças jogando). Max Beckman, 1918.

CIP-BRASIL. CATALOGAÇÃO-NA-FONTE
SINDICATO NACIONAL DOS EDITORES DE LIVROS, RJ

G869j

Grigorowitschs, Tamara
JOGO, MIMESE E SOCIALIZAÇÃO: OS SENTIDOS DO JOGAR COLETIVO NA INFÂNCIA
Tamara Grigorowitschs
São Paulo: Alameda, 2011.
260p.

Apêndices
Inclui bibliografia
ISBN 978-85-7939-090-6

1. Jogos infantis. 2. Jogos em grupo. 3. Mímese. 4. socialização. 5. Interação social em crianças. I. Título. II. Título: Os sentidos do jogar coletivo na infância.

11-2202.   CDD: 155.4
                            CDU: 159.922
                                                025915

ALAMEDA CASA EDITORIAL
Rua Conselheiro Ramalho, 694, Bela Vista
CEP 01325-000 São Paulo – SP
Tel. (11) 3012-2400
www.alamedaeditorial.com.br

Sumário

Introdução 7

Parte 1
Uma análise sociológica das relações entre jogo 23
infantil coletivo e processos de socialização

I. Jogo infantil coletivo 25
Características do jogar 28
Tipos de jogos: é realmente importante e possível 54
categorizá-los?

II. Processos de socialização infantil 63
O conceito de socialização 67
As especificidades dos processos de socialização infantil 78
A relação de referencialidade mútua entre processos de 83
socialização e desenvolvimento do *self*
Interações entre crianças: uma dimensão específica dos 94
processos de socialização infantil

III. Jogo infantil coletivo e processos de socialização: 99
uma relação mimética
Os processos miméticos e o jogo infantil coletivo 99
Relações de distanciamento e autodistanciamento no 110
jogo infantil: processos miméticos
Mimese como mediação de jogo infantil coletivo, 116
processos de socialização e contrução do *self*
Análise de duas imagens de *Infância em* 127
Berlim por volta de 1900, de Walter Benjamin

Parte 2
Análise de jogos infantis observados no recreio escolar   155

I. Observações e procedimentos de pesquisa   157
A especificidade do jogar no recreio escolar   159
As relações de gênero no jogar do recreio escolar   164
Parcerias e configurações do jogar   168

II. Análise dos jogos   175
Jogo e condensação   177
Jogo e mimese: repetições modificadas e seletividade   186
Jogo, mimese e performance   199
Jogo, mimese, fantasia e criatividade   204
Jogo, processos de socialização e construção do *self*:   207
processos miméticos

Referências bibliográficas   223
Apêndices   245
Anexos   253

Introdução

"Mas quando um poeta moderno diz que para cada um existe uma imagem em cuja contemplação o mundo inteiro submerge, para quantas pessoas essa imagem não se levanta de uma velha caixa de brinquedos?"

Walter Benjamin[1]

Quais são os possíveis significados do jogo infantil? O que diferencia o jogar adulto do jogar na infância? O jogo desempenha um papel na construção da identidade infantil e na inserção das crianças no mundo social? Que papel é esse?

Creio que essas questões perpassam as obras de todos, ou de quase todos os autores que, em momentos variados, se debruçaram sobre a temática do jogar infantil. O intuito deste livro é, de algum modo, contribuir para essa discussão, investigando as relações entre jogo infantil coletivo e processos de socialização infantil, abordando-as como um problema sociológico e considerando o jogo infantil como uma forma específica de interação social e uma dimensão constituinte dos processos de socialização e de formação das identidades individuais.

---

1 Benjamin, Walter. "Brinquedos e jogos". [1928], In: *Reflexões: a criança, o brinquedo, a educação*. São Paulo: Duas Cidades e Ed. 34, 2002, p. 102.

O engajamento das crianças no jogo parece ser algo universal em qualquer período histórico do qual se tenha informações; já a percepção do jogo infantil como uma ação específica e digna de investigação possui origens variadas. Em Platão aparecem as primeiras observações de que se tem conhecimento sobre o jogar infantil e suas relações com a vida em sociedade, nas quais o jogo desempenharia um papel "pedagógico".[2] Muito mais tarde, ao final do século XVIII, o pensamento de extração rousseauneana passou a valorizar a espontaneidade do jogar infantil, vendo a criança como portadora "da verdade", na medida em que suas atitudes, do ponto de vista de Jean Jacques Rousseau,[3] pareciam situar-se mais próximas da natureza do que do domínio da razão. Já ao final século XIX, Karl Gross[4] enfatizou a dimensão biológica do jogo infantil, considerado uma necessidade de qualquer animal jovem. No âmbito da educação, Friedrich Fröbel,[5] também na mesma época, incorporou essas duas últimas correntes e passou a privilegiar uma educação "natural", tendo como base o jogo, mas deixando em segundo plano sua dimensão social.[6] No interior desses contextos sócio-históricos, o jogo infantil passou

---

2 Cf. Fass, Paula S. (ed.). *Encyclopedia of children and childhood in history and society*. Nova York: MacMillan, 2003; Runkel, Gunter. *Soziologie des Spiels*. Frankfurt am Main: Hain, 1986.

3 Cf. Rousseau, Jean-Jacques. *Émile ou de l'éducation*. [1762], Paris: Flammarion, 1966.

4 Cf. Gross, Karl. *Die Spiele der Menschen*. Jena, 1895.

5 Cf. Fröbel, Friedrich W. A. *A educação do homem*. [1891], Passo Fundo: UPF, 2001.

6 Cf. Brougère, Gilles E. *Jogo e educação*. Porto Alegre: Artes Médicas, 1999.

a ser valorizado não apenas como um fim em si mesmo, mas passou também a ocupar um papel fundamental na educação.

A partir do início do século XX, surgiram algumas teorias que lançaram mão de reflexões sobre o jogo infantil para pensar a vida em sociedade em termos mais amplos (George H. Mead[7] e Johan Huizinga[8]), reflexões que, como veremos adiante, são fundamentais para pensar o jogo como uma dimensão dos processos de socialização infantil.

No campo da psicologia, a partir dos anos 1920, Jean Piaget[9] e Lev S. Vygótsky[10] iniciaram, paralelamente, o desenvolvimento de teorias fundamentais para as reflexões sobre o jogar infantil pensado de um ponto de vista psicológico, que influenciaram diversos trabalhos posteriores sobre o assunto, como as teorias Henri Wallon,[11] entre muitos outros. No início dos anos 1930, perspectivas psicanalíticas também ganharam destaque, partindo dos trabalhos de Melanie Klein[12] e posteriormente de Donald Winnicott,[13] para os quais o jogo

---

7   Cf. Mead, George Herbert. *Mind, self and society*. [1934], Chicago: The University of Chicago Press, 1952.

8   Cf. Huizinga, Johan. *Homo ludens*. O jogo como elemento da cultura. [1938], São Paulo: Perspectiva, 1973.

9   Cf. Piaget, Jean, *A formação do símbolo na criança*. Imitação, jogo e sonho, imagem e representação. [1945], Rio de Janeiro: Zahar, 1975.

10 Cf. Vygótsky, Lev S. *A formação social da mente*. [1930-1966], São Paulo: Martins Fontes, 1987.

11 Wallon, Henri. *Do acto ao pensamento*. [1956], Lisboa: Portugalia, 1966.

12 Klein, Melanie. *The psycho-analysis of children*. [1932], Londres: Hogarth Press and the Intitute of psycho-analysis, 1949.

13 Cf. Winnicott, Donald W. *Playing and reality*. Norfolk: Tavistock, 1971.

infantil ganha importância na clínica psicanalítica com crianças. Entretanto, o jogo não é somente instrumentalizado para a atividade clínica; também desenvolvem-se verdadeiras teorias psicanalíticas, nas quais o jogar infantil é fundamental, e que podem servir como subsídio parcial para pensar teoricamente o jogo até mesmo no campo da sociologia.

Nos últimos anos, diversas áreas do conhecimento interessaram-se pelo jogar infantil,[14] atribuindo-lhe um caráter "positivo". Ganham destaque perspectivas da psicologia do desenvolvimento e aprendizagem, fortemente ligadas à área da educação, como também estudos em áreas da linguística, que analisam o caráter lúdico do aprendizado de línguas, e ainda na educação física, onde se pensa o jogo a partir da ideia de psicomotricidade, entre outras.[15]

Se o jogo infantil, como tema, despertou um crescente interesse de investigação ao longo da história, nos mais diversos domínios, o mesmo não pode ser dito com relação ao tempo presente (a partir da segunda metade do século xx). Objeto principalmente de inúmeras teorias das áreas da psicologia e da pedagogia, aparece hoje como um tema periférico no âmbito da sociologia, pelo menos de um ponto de vista de uma sistematização teórica. E isso vale não apenas para a temática restrita do jogo infantil, mas também para

---

14 Cf. Kishimoto, Tisuko M. *O brincar e suas teorias.* São Paulo: Pioneira, 1998.

15 Nesses casos, a maioria das pesquisas orienta-se para os efeitos do jogar ou do jogo sobre a criança e, nesse sentido, o seu verdadeiro objeto acaba por ser o desenvolvimento infantil, deixando "o jogar pelo jogar" em segundo plano.

quase todas as formas de interação infantil, das quais o jogo faz parte.

Com efeito, os parágrafos subsequentes demonstram que, por mais que no campo da sociologia enfatize-se cada vez mais a necessidade de desenvolvimento de teorias que abordem tal temática, não há propriamente uma sociologia da infância com bases teóricas densas que tenha como objeto central as interações entre crianças,[16] e menos ainda o jogar infantil.

No final dos anos 1980, o sociólogo Jens Qvortrup[17] sinalizou pela primeira vez de maneira sistematizada a necessidade do desenvolvimento de uma sociologia da infância. Qvortrup, em conjunto com outros pesquisadores nórdicos, foi um dos primeiros a enfatizar de maneira explícita e intencional o papel ativo das crianças na sociedade e a necessidade de compreendê-las como atores sociais constituintes de uma categoria de análise específica, a infância, que por sua vez deveria ser considerada tão importante quanto outras categorias mais recorrentes. Desse modo, a criança começa a ser vista como não necessariamente vinculada à família ou à escola, o que acaba por enfatizar a necessidade da delimitação de um domínio próprio para a infância nas análises sociológicas.[18] Não que para Qvortrup a infância não esteja presente nas análises sociológicas clássicas – por

---

16 Cf. Corsaro, William. *The sociology of childhood*. Thousand Oaks: Pine Forge Press, 1997.

17 Professor da Universidade Norueguesa de Trondheim e coordenador do *Norwegian Centre for Child Research*.

18 Cf. Qvortrup, Jens. "Childhood matters: an introduction". In: Qvortrup, J; Bardy, M.; Sgritta, G.; Wintersberger, H. (eds.). *Childhood matters*: social theory, practice and politics. Brookfield: Avebury, 1994, p. 1-23.

exemplo, em Parsons –, mas ela não foi tratada como uma categoria autônoma, e sim como uma espécie de "subcategoria" derivada, em relação de submissão às categorias consideradas mais "relevantes" do mundo adulto.[19] E essa categoria foi até mesmo marginalizada, assim como certas minorias sociais e mulheres.[20] Talvez, como veremos nos próximos capítulos, no que diz respeito aos trabalhos de teoria sociológica, apenas em Mead possamos afirmar que a infância possui já um *status* próprio, porém de forma não tão explícita e intencional como Qvortrup propõe.

Essa nova maneira de pensar a infância influenciou o trabalho de sociólogos de outros países também interessados no assunto, como Helga Zeiher & Heinz Hengst, na Alemanha, e William Corsaro, nos Estados Unidos, dentre outros. Desde então ocorreu um considerável esforço por parte de vários pesquisadores (principalmente na Alemanha, Itália, Inglaterra e Estados Unidos[21]) em delimitar aquilo que poderia ser considerado objeto de uma sociologia da infância. De maneira resumida, poderíamos afirmar que, para eles, a sociologia da

---

19 Cf. Krappmann, Lottar. "Sozialisation in der Gruppe der Gleichaltrigen." "In: Hurrelmann, Klaus; Ulich, Dieter (orgs.). *Neues Handbuch der Sozializationsforschung*. Weinheim und Basel: Beltz, 1991.

20 Cf. Qvortrup, Jens (orgs.). *Childhood and Children's Culture*. Odense: Odense University Press, 2002; Cf. Qvortrup, Jens. "Childhood matters: an introduction." *Op. cit.*; Cf. Qvortrup, Jens (ed.). *Studies in Modern Childhood. Society, Agency, Culture*. Hampshire: Palgrave Macmillan, 2005.

21 Cf. Qvortrup, Jens (ed.). *Studies in Modern Childhood. Society, Agency, Culture. Op. cit.*; Cf. Hengst, Heinz; Zeiher, Helga (orgs.). *Kindheit soziologisch*. Wiesbaden: VS – Verlag für Sozialwisseschaften, 2005.

infância deveria estar incondicionalmente vinculada a uma sociologia das gerações e, secundariamente, relacionada a uma sociologia da instituição escolar, da mídia, da família, das atividades "institucionalizadas" extraescolares, das políticas públicas voltadas para crianças, da cidadania infantil, etc., isto é, a análise da infância não se vincula mais em primeira instância a uma análise da família ou da instituição escolar, mas liga-se estreitamente a questões geracionais. O jogo infantil não ganharia um destaque especial nessas análises, embora apareça como parte constituinte de algumas dessas temáticas.

Tanto Qvortrup, como Zeiher & Heinz ou Corsaro propuseram em seus trabalhos a "realização" de uma sociologia da infância; porém, pode-se observar um resultado aquém do almejado: com efeito, seus trabalhos consistem em proposições para uma possível e futura sociologia da infância, e não propriamente a elaboração de uma sociologia da infância. E grande parte das pesquisas que os sucederam seguem a mesma linha; em sua maioria, são de caráter quase puramente empírico e/ou apresentam apenas esboços de sistematização teórica ou proposições para uma futura sociologia da infância. Contudo, isso não significa que esses trabalhos, principalmente os de Qvortrup, devido ao seu caráter inovador, não tragam contribuições para uma sociologia da infância hoje. Em todos eles podemos encontrar fundamentos para iniciar qualquer pesquisa sobre temas ligados à infância, isto é, eles fornecem pressupostos sociológicos dos quais se pode partir, quais sejam, considerar as crianças atores sociais e portanto ativos nos processos de socialização e nas interações de que participam e abordar a infância como uma categoria de análise e tema de pesquisa tão preciosas quanto outras categorias recorrentes no campo da sociologia.

Entretanto, a meu ver, esse deve ser considerado um ponto de partida, e não de chegada e, como já foi enfatizado, não fornece subsídios teóricos para uma análise sociológica da infância.

Paralelamente a esses trabalhos introdutórios no campo da sociologia da infância, surgiram na Alemanha, nos anos 1990, dois livros independentes que não são reconhecidos no campo da "sociologia da infância" mas que, do ponto de vista teórico, apresentam riquíssimas contribuições para pensar as interações infantis, dentre elas, o jogo.

Um deles intitula-se *Wege der Kreativität (Caminhos da criatividade)*, de Heinrich Popitz,[22] que em poucas páginas destrinchou conceitualmente o caráter criativo do jogo infantil; o outro, *Spiel, Ritual und Geste – mimetisches Handeln in der sozialen Welt (Jogo, ritual e gesto – o agir mimético no mundo social)*, de Gunter Gebauer & Christoph Wulf.[23] Seus autores, em um capítulo dedicado ao jogo em geral, articularam diversas obras a respeito do jogo infantil e dos processos de socialização e desenvolveram uma noção que correlaciona estes últimos, precisamente o conceito de *mimese*. Esses dois trabalhos, como veremos adiante, foram fundamentais para o desenvolvimento de meu enfoque, por mais que o jogo infantil apareça em apenas algumas de suas páginas.

No que se refere aos processos de socialização infantil (visto que considero o jogo infantil parte constituinte desses processos, e problematizo exatamente as relações entre os dois conceitos), no domínio da sociologia, e principalmente no âmbito da sociologia da educação,

---

22 Cf. Popitz, Heinrich. *Wege der Kreativität*. [1997], Tübingen: Mohr Siebeck, 2000.

23 Cf. Gebauer, Gunter; Wulf, Cristoph. *Spiel. Ritual, Geste*. Mimetisches Handeln in der sozialen Welt. Hamburg: Rowohlt, 1998.

nota-se um interesse crescente sobretudo em análises a respeito das chamadas "instâncias socializadoras", em que ganham relevância principalmente a esfera familiar, a instituição escolar[24] e, mais recentemente, o domínio da mídia. Também reconhece-se que as amizades e as interações entre pares são importantes nesses processos; porém, de um ponto de vista teórico, elas têm sido tratadas fundamentalmente a partir de pontos de vista da psicologia, principalmente no que se refere ao desenvolvimento das capacidades cognitivas infantis. O resultado é que, na maioria das vezes, na abordagem das interações constituintes dos processos de socialização infantil, incorporou-se na sociologia (e principalmente na especialidade sociologia da educação) as categorias, problemas e abordagens da psicologia.[25] Segundo Hurrelmann,

---

24 Cf. Hurrelmann, Klaus; Ulich, Dieter (orgs.). *Neues Handbuch der Sozializationsforschung. Op. cit.*; Cf. Tillmann, Klaus-Jürgen. *Sozialisationstheorien. Eine Einführung in den Zusammenhang von Gesellschaft, Institution und Subjektwerdung.* Hamburg: Rowohlt, 2001; Cf. Dubar, Claude. *A socialização.* Construção das identidades sociais e profissionais. Porto: Porto Editora, 1997; Cf. Parsons, Talcott; Bales, R. F. *Family, socialisation and interaction process.* Londres: Routledge & Kegan Paul, 1955.

25 É por esse motivo que não trabalharei diretamente com autores como Piaget, Wallon, Bruner e apenas um pouco com Vygótsky. No Brasil, seus trabalhos são usualmente mobilizados para analisar o jogo infantil nas mais diferentes áreas, mesmo em trabalhos que se autodenominam sociológicos. E, na maioria deles, parece não haver um cuidado na transposição das categorias da psicologia para as análises sociológicas do jogo. Por essa razão, mobilizarei esses autores apenas na medida em que realmente apresentarem lastros para pensar o jogo como uma interação social, em seus aspectos coletivos.

que organizou o maior compêndio de estudos sobre as teorias da socialização infantil em língua alemã, os autores que procuram abordar o tema de um ponto de vista sociológico enfatizam justamente a ausência de trabalhos nessa linha.

O jogo infantil coletivo, visto como uma forma de interação singular, uma dimensão constituinte dos processos de socialização, traz à tona a necessidade do desenvolvimento de análises sociológicas que também o abordem como uma "instância socializadora" ou, se isso parecer demasiadamente específico, evidencia a necessidade de considerar as interações entre crianças uma espécie de "instância socializadora" com peso igual aos outros enfoques recorrentes, como aqueles centrados na esfera familiar e na instituição escolar.[26]

Nota-se, portanto, o grande interesse que a temática do jogo infantil despertou em diversas ocasiões e em campos variados do conhecimento, por um lado; e a carência de análises sociológicas atuais sobre o assunto, por outro lado. Há um esforço, desde as três últimas décadas, em enfatizar a necessidade da abordagem das interações infantis de uma perspectiva sociológica, mas apesar disso o jogo infantil não ganha relevância na maioria dessas pesquisas. Em sua maioria, a dimensão geracional recebe grande destaque; porém, se o jogo infantil coletivo constitui-se de interações entre crianças, isto é, de interações no interior de uma mesma geração, uma sociologia das gerações não parece fornecer por si só os subsídios necessários e suficientes para analisar tais interações.

26 Cf. Krappmann, Lottar. "Sozialisation in der Gruppe der Gleichaltrigen". *Op. cit.*, p. 374.

Com isso em vista, o objetivo desta investigação é levar em consideração os esforços dos sociólogos nórdicos e dos trabalhos que deles se desdobraram e partir dos mesmos pressupostos: considerar as crianças atores sociais, produtores de cultura e ativas em seus processos de socialização. Com esse ponto de partida, retorno a autores como Mead e Huisinga e aos desenvolvimentos de Popitz e Gebauer & Wulf, pois abordaram o jogo infantil e os processos de socialização de uma perspectiva sociológica, por mais que não tenham uma preocupação em delinear a infância como uma categoria sociológica, nem enfatizar de forma intencional o papel ativo das crianças nos seus processos de socialização. Minha tentativa é exatamente relacionar essas duas formas de abordagem, pois ambas são importantes e, a meu ver, complementares; só assim me parece possível examinar o jogo infantil coletivo como um problema para a teoria sociológica.

Os autores com os quais trabalho possuem algo em comum, independente das épocas e lugares em que escreveram: todos consideram o jogo infantil coletivo uma forma de interação social, embora alguns deles o exprimam de maneira mais direta do que outros. George H. Mead[27] é o autor que permite estabelecer as ligações de base entre os conceitos-chave envolvidos em meu problema de investigação, isto é, possibilita pensar o jogo infantil coletivo como uma dimensão dos processos de socialização. Walter Benjamin[28] e

---

27 Cf. Mead, George Herbert. *Mind, self and society. Op. cit.*
28 Cf. Benjamin, Walter. *Infância em Berlim por volta de 1900.* [1932-1938], São Paulo: Brasiliense, 1987; "A doutrina das semelhanças". [1933], "A imagem de Proust". [1929] e "O Narrador". [1936], In: *Obras Escolhidas I - magia e técnica, arte e política.* São Paulo: Brasiliense, 1985; "Brinquedos e

Gunter Gebauer & Christoph Wulf,[29] por sua vez, desenvolvem o conceito de *mimese*, que aparece como mediação de jogo infantil e processos de socialização, além de permitirem relacionar o trabalho de Mead com os trabalhos de outros autores que também refletiram sobre esses mesmos conceitos. Georg Simmel e Norbert Elias[30] são a base para desenvolver aquilo que denomino processos de socialização. Klaus Hurrelmann & Dieter Ulich[31] apresentam um balanço do que foi produzido sobre socialização infantil nas mais diversas áreas do conhecimento. Johan Huisinga, Gilles Brougère, Gregory Bateson

---

jogos". [1928], "Visão do livro infantil". [1926], "Rua de mão única". [1926-1928], "História cultural do brinquedo". [1928], In: *Reflexões: a criança, o brinquedo*, a educação. *Op. cit.*

29 Cf. Gebauer, Gunter; Wulf, Cristoph. *Mimesis. Kultur, Kunst, Gesellschaft*. Hamburg: Rowohlt, 1992; Cf. Gebauer, Gunter; Wulf, Cristoph. *Spiel, Ritual, Geste*. Mimetisches Handeln in der sozialen Welt. *Op. cit.*

30 Cf. Simmel, Georg. *Grundfragen der Soziologie*. [1917], Berlin, Nova York: Walter de Gruyter, 1984; Cf. Simmel, Georg. *Soziologie. Untersuchungen über die Formen der Vergesellschaftung*. [1908], Vol. 11. Frankfurt am Main: Suhrkamp, 1992; Cf. Elias, Norbert. *Was ist Soziologie?* [1970], Weinheim und München: Juventa, 1993; Cf. Elias, Norbert. *Die Gesellschaft der Individuen*. [1939], Frankfurt am Main: Suhrkamp, 1987.

31 Cf. Hurrelmann, Klaus. *Einführung in die Sozialisationstheorie*. Über den Zusammenhang von Sozialstruktur und Persönlichkeit. Weinheim und Basel: Beltz, 1995; Cf. Hurrelmann, Klaus; Mürmann, Martin; Wissinger, Jochen. "Persönlichkeitsentwicklungalsproduktive Realitätverarbeitung. Die interaktions und handlungstheoretische Perspektive in der Sozialisationsforschung". In: *Zeitschrift für Sozialisationsforschung und Erziehungssoziologie*. Heft 1, 1986; Cf. Hurrelmann, Klaus; Ulich, Dieter (orgs.). *Neues Handbuch der Sozializationsforschung. Op. cit.*

e Heinrich Popitz[32] oferecem as bases necessárias para definir o conceito de jogo infantil coletivo.

Todos eles apresentam, em maior ou menor medida, um contraponto a abordagens que analisam o jogo segundo uma perspectiva do desenvolvimento cognitivo, da manutenção da ordem social (uma função integradora) e do desenvolvimento da cooperação, e enfatizam o caráter socializador do jogo infantil coletivo, sem finalidade (como um fim em si mesmo, portanto não-instrumentalizado), como uma forma privilegiada de interação e comunicação com os outros, e de relevância para o desenvolvimento de uma identidade. Suas perspectivas diferenciam-se de enfoques que supervalorizam as "instituições" e que as tratam do ponto de vista dos "observadores", deixando em segundo plano as experiências dos participantes e suas interações sociais. Em termos gerais, preocupam-se com as microrrelações e consideram os processos de comunicação entre os atores e os processos sociais, nos quais a identidade se desenvolve.[33] Além deles, muitos outros autores

---

32 Cf. Brougère, Gilles E. *Brinquedo e cultura*. São Paulo: Cortez, 1995; *Brinquedo e companhia*. São Paulo: Cortez, 2004; *Jogo e Educação*. *Op. cit.*; "Les expériences ludiques des filles et des garçons". In: Roudet, B. *Filles et garçons jusqu'à l'adolescence*. Paris: Harmattan, 1999; *Le jouet ou la production de l'enfance. L'image culturelle de l'enfance à travers le jouet industriel*. Resumé d'une thèse de 3ème cycle, Paris VII, 1981; Cf. Bateson, Gregory. "About games and being serious"; "A theory of play and fantasy". [1955], In: *Steps to an ecology of mind*. Chicago: The University of Chicago Press, 2000; Cf. Huizinga, Johan. *Homo Ludens*. O jogo como elemento da cultura. *Op. cit.*; Cf. Popitz, Heinrich. *Wege der Kreativität. Op. cit.*

33 Cf. Tillmann, Klaus-Jürgen. *Sozialisationstheorien. Eine Einführung in den Zusammenhang von Gesellschaft, Institution und Subjektwerdung. Op. cit.*

oferecem contribuições pontuais para a realização de minha pesquisa e serão indicados no curso da argumentação.

Este livro está dividido em duas partes. A primeira parte aborda teoricamente o problema de pesquisa apresentado nos parágrafos anteriores e está dividida em três capítulos. O primeiro capítulo delimita aquilo que denomino jogo infantil coletivo e suas principais características; no segundo capítulo defino conceitualmente os processos de socialização infantil; e no terceiro capítulo correlaciono jogo infantil coletivo e processos de socialização, em uma abordagem direta de meu problema de pesquisa, qual seja, pensar o jogo infantil coletivo como uma forma de interação singular, que constitui uma dimensão fundante dos processos de socialização infantil e da formação das identidades individuais (os *selves*) das crianças que jogam – e então o conceito de *mimese* mostra-se fundamental para compreender essa correlação.

A segunda parte trata de uma pesquisa de caráter empírico que realizei em uma escola de Ensino Fundamental na cidade de São Paulo, ao longo do ano de 2004. Nessa escola observei por sete meses o jogar coletivo no recreio escolar de meninas e meninos de uma turma de segunda série do Ensino Fundamental. O intuito da realização dessas observações foi acumular conhecimentos para compreender melhor os textos teóricos, e ainda possibilitar a percepção de algumas lacunas e/ou contradições nas teorias existentes sobre jogo infantil. Portanto, a primeira parte do trabalho foi escrita em diálogo com os resultados dessas observações, por mais que, o mais das vezes, estes não apareçam de maneira explícita. A segunda parte é um espaço para a explicitação e sistematização dos resultados dessas observações e também pode ser vista como uma forma de ilustração prática e pontual dos aspectos apresentados sobre o jogo infantil na primeira parte do trabalho.

A segunda parte comporta a descrição dos procedimentos metodológicos utilizados nas observações e entrevistas com as crianças e a análise de alguns jogos observados à luz daquilo que desenvolvi teoricamente na primeira parte. Nesses jogos, as relações de gênero revelaram-se uma forma de distinção social sempre presente. Desse modo, tais relações ganham destaque nas análises dos jogos, consideradas parte constituinte dos processos de socialização; uma inserção no mundo enquanto meninas e meninos relacionado à construção de suas identidades de gênero.

Parte 1
Uma análise sociológica das relações entre jogo infantil coletivo e processos de socialização

Jogo Infantil coletivo

O termo "jogo" abarca elementos muito diversos e por vezes desarticulados entre si; desse modo, é impossível incluir todas as formas de jogo em um único conceito. Devemos, ao contrário, questionar os princípios que constroem aquilo que denominamos "jogo", elegendo linhas de semelhanças entre diversas atividades assim nomeadas e tendo em vista nossos interesses sociológicos específicos. As teorias sociais e filosóficas acerca do jogo definiram-no, o mais das vezes, em oposição a outras categorias: jogo X trabalho; jogo X seriedade; jogo X falta de espontaneidade; jogo X civilidade; jogo X realidade; jogo X vida cotidiana, e assim por diante. E em cada uma dessas variações construiu-se também, junto com a categoria jogo, uma imagem do ser humano e de suas relações sociais. Desde o século XVIII, de Friedrich Schiller,[1] passando por Huizinga[2] e chegando até os dias de hoje, o jogo aparece como uma dimensão essencial do humano – o que é visível em teorias no âmbito da estética (Schiller),

---

1 Cf. Schiller, Friedrich von. "Über die ästhetische Erziehung des Menschen in eine Reihe von Briefen". [1795], In: *Sämtlichen Werke* vol. 5. München: Carl Hanser, 1993.

2 Cf. Huizinga, Johan. *Homo ludens*. O jogo como elemento da cultura. *Op. cit.*

da pedagogia (Friedrich Fröbel),[3] da cultura (Huizinga), da filosofia (Eugen Fink)[4] e da sociologia (Gebauer & Wulf).[5] A partir de meados do século XX, o jogo passa a ser considerado cada vez mais um objeto de pesquisa específico e, desse modo, surgem outras maneiras de tratá-lo, não necessariamente definindo-o em oposição a outras categorias, mas permitindo abordar questões como a estrutura do jogo (Gregory Bateson,[6] Roger Caillois),[7] sua capacidade de apresentar elementos culturais (Clifford Geertz,[8] Caillois) e ressaltando a importância de uma análise do jogo que congregue abordagens das áreas da psicologia, sociologia, filosofia, pedagogia e psicanálise (Flitner e Scheuerl).[9]

3   Cf. Fröbel, Friedrich W. A. *A educação do homem. Op. cit.*
4   Cf. Fink, Eugen. *Oase des Glücks.* Gedanken zu einer Ontologie des Spiels. München: K. Alber, 1957; Cf. Fink, Eugen. *Spiel als Weltsymbol.* Stuttgart: W. Kohlhammer, 1960; Fink, Eugen (orgs.). *Grundphänomene des menschlichen Daseins.* [1979], Freiburg in Breisgau: Alber, 1995.
5   Cf. Gebauer, Gunter; Wulf, Cristoph. *Spiel, Ritual, Geste.* Mimetisches Handeln in der sozialen Welt. *Op. cit.*
6   Cf. Bateson, Gregory. "About games and being serious".; "A theory of play and fantasy". *Op. cit.*
7   Cf. Caillois, Roger. *Les jeux et les hommes.* La masque et le vertige. [1950], Paris: Gallimard, 1967.
8   Cf. Geertz, Clifford. "Pessoa, Tempo e Conduta em Bali". [1973], In: *Interpretação das Culturas.* Rio de Janeiro: Zahar, 1978.
9   Cf. Flitner, Andreas. *Das Kinderspiel.* [1973], München: Piper, 1998; Cf. Flitner, Andreas. *Spielen-Lernen.* Praxis und Bedeutung des Kinderspiels. [1972], München: Piper, 1982; Cf. Scheuerl, Hans. *Das Spiel.* Untersuchungen über sein Wesen, seine pädagogischen Möglichkeiten und Grenzen. [1954],

Em meados dos anos 1990, ainda que de modo não totalmente disseminado,[10] outros autores (Gebauer & Wulf, Popitz e Brougére)[11] procuraram organizar essas maneiras de pensar o jogo em um único corpo teórico, que não mais o definisse em oposição a outras categorias e que também abarcasse as novas questões a respeito de sua estrutura, organização e de suas relações com a cultura. Na visão de alguns desses autores, o conceito de *mimese*, como forma de pensar o jogo articulado a todos esses elementos, desempenha um papel fundamental, que permite compreendê-lo em relação complexa (e não mais em simples oposição) com a cultura, com a vida cotidiana, com a "realidade" e com o mundo social.

Levando em consideração essas variadas possibilidades de abordagem, é possível definir, a partir de meu problema de pesquisa, certas características do jogo infantil coletivo que, ao se associarem e interagirem entre si, estabelecem uma forma de interação específica (o próprio jogo) que é uma dimensão constituinte dos processos de socialização infantil.

Weinheim/Basel: J. Beltz, 1973; Cf. Scheuerl, Hans. *Theorien des Spiels*. [1955], Weinheim und Basel: Beltz, 1975.

10 Em: Sutton-Smith, Brian. *Dialetik des Spiels*. Eine Theorie des Spiels, der Spiele und des Sports. Schorndorf: Karl Hoffmann, 1978, por exemplo, o jogo infantil ainda aparece como uma categoria que se constrói em oposição à dimensão cotidiana.

11 Cf. Gebauer, Gunter; Wulf, Cristoph. *Spiel, Ritual, Geste*. Mimetisches Handeln in der sozialen Welt. *Op. cit.*; Cf. Brougère, Gilles E. *Brinquedo e cultura. Op. cit.*; *Brinquedo e companhia. Op. cit.*; *Jogo e Educação. Op. cit.*; "Les expériences ludiques des filles et des garçons". *Op. cit.*; "Le jouet ou la production de l'enfance". L'image culturelle de l'enfance à travers le jouet industriel.*Op. cit.*; Cf. Popitz, Heinrich. *Wege der Kreativität. Op. cit.*

As abordagens de Gebauer & Wulf, assim como as de Brougére e Popitz, fornecem muitos elementos para relacionar as noções de jogo infantil e processos de socialização e permitem que se estabeleça um diálogo mais rico e intenso com o trabalho de George H. Mead que, como veremos mais adiante, já nas primeiras décadas do século XX, apresentou uma análise dos processos de socialização infantil atrelados à categoria jogo, por mais que esta não tenha sido explorada conceitualmente. O trabalho de Mead pode ser reconhecido como uma das principais fontes primárias de diversos trabalhos posteriores sobre os processos de socialização infantil e permite que a categoria jogo seja explorada como fundamental na construção destes processos. Porém, neste primeiro capítulo defino apenas a categoria *jogo infantil coletivo*, deixando para os capítulos posteriores uma análise mais aprofundada de suas relações com os processos de socialização.

Características do jogar

Tomando como base vários trabalhos supracitados e relacionando-os com meu problema de investigação, considero o jogo[12] infantil

---

12 Reconheço que uma possível diferenciação entre os termos jogar e brincar – algo como ações de reprodução de normas já dadas (jogar) em oposição às ações de cunho criativo (brincar) – pode possuir, para alguns autores, uma função importante no plano teórico, com a finalidade de precisar conceitos ou categorias. Porém, se parto do pressuposto que os termos brincar/jogar são conceitos complexos e ambíguos, que na atividade empírica envolvem, ao mesmo tempo, reprodução e criatividade, não é imperativo diferenciá-los, pois meu objetivo é exatamente destacar essa ambiguidade, esse duplo caráter, essa relação que, como

coletivo livre, isto é, não "pedagogizado" ou coordenado por adultos, uma ação/interação social específica, "um processo entre seres humanos"[13] que, na infância ocidental contemporânea, realiza-se em uma temporalidade própria, desde que haja duas ou mais crianças dispostas a jogar. É uma atividade voluntária de comunicações, descobertas, testes, imitações e construções, cujas principais características (e "subcaracterísticas") são apresentadas a seguir.

Ausência de finalidades

Nas pesquisas sobre jogo infantil, seja no campo da sociologia, ou seja no campo da psicologia, são frequentemente formuladas hipóteses

---

veremos no terceiro capítulo, através da mimese articula elementos culturais já dados e elementos de criação. As crianças "jogam" e "brincam" ao mesmo tempo, transitando entre esses dois possíveis polos conceituais, e por essa razão não é possível afirmar a existência destas ações de forma dicotômica, "aquelas crianças agora estão brincando, por isso são criativas. Já aquelas outras jogam, portanto apenas reproduzem padrões de comportamentos...". Optei por utilizar o termo jogar em detrimento do termo brincar ou brincadeira porque ele aparece com mais frequência nos textos sociológicos que são a base deste trabalho, nos quais ele é apresentado como um conceito. Isto é, o verbo *jogar* aparece com mais frequência nas traduções para o português, pois tanto em alemão (*spielen*), como em francês (*jouer*), ou ainda em inglês (*to play*) não existem palavras distintas para jogar e brincar. Já o substantivo *jogo* na língua inglesa divide-se entre os termos *play* e *game*, mas que não são utilizados com a finalidade de diferenciar reprodução de criatividade.

13 Cf. Werner, Jenny. "Das Spiel der Kinder". In: *Kölner Vierteljahrshefte für Soziologie*. 5. Jg., 1925/26, p. 411.

sobre o que impulsionaria o jogar, tanto individual como coletivamente. Por exemplo: o prazer de poder, um poder livre para inventar, fantasiar e interpretar o mundo à sua própria maneira; o prazer da vitória; o prazer da transformação, isto é, esconder-se de si mesmo e dos outros, experimentar outras identidades sociais; o prazer de realizar ações "sem sentido", sem ser considerado "desajustado socialmente";[14] exprimir agressividade; combater o medo.[15] A partir da maioria destas hipóteses seria possível afirmar que, se há uma intencionalidade no jogar infantil, ela está relacionada de maneira inconsciente à realização de desejos de poder e de liberdade, os quais, na maioria das vezes, não se realizariam, pelo menos não na mesma intensidade, na vida cotidiana e no contato com os adultos em geral.

Já outras hipóteses, de certo modo relacionadas à maioria das hipóteses acima, justificam o desejo de jogar pela vontade, consciente ou não, de expansão de experiências; de estabelecer comunicações sociais; de consolidar a personalidade, isto é, consolidar as relações entre "realidade interna" e "realidade externa".[16] Nesse sentido, se o jogo coletivo é uma ação social, uma forma específica de interação entre seres humanos, podemos considerá-lo um fim em si mesmo, já sendo, ele próprio, uma realização. A criança, com seu cavalo de

---

14 Cf. Popitz, Heinrich. *Wege der Kreativität. op. cit*, p. 68-71.
15 Cf. Winnicott, Donald. "Warum Kinder spielen". In: Flitner, Andreas. (org.) *Das Kinderspiel. Op. cit.*
16 *Ibidem*.

brinquedo (mesmo que imaginário), não tem como finalidade imprescindível chegar a algum lugar, *ela quer apenas cavalgar*.[17] Visto dessa perspectiva, o jogo não deve ser analisado de maneira instrumentalizadora, a fim de determinar o desenvolvimento cognitivo infantil e/ou ditar os rumos da vida do futuro adulto. Isso não significa que, de um ponto de vista sociológico, o jogo não desempenhe funções sociais. Continua sendo fundamental indagar qual o lugar do jogo infantil em nossa sociedade, suas funções e consequências, e ainda fazer as mesmas perguntas com relação às crianças que jogam. Isto é, qual papel desempenha o jogo nos processos de socialização infantil?

O jogo infantil possui uma função vital para a vida em sociedade, pois incorpora diversas estruturas organizadoras do ambiente social em sua própria estrutura, e dessa forma proporciona às crianças que jogam o conhecimento da dinâmica dessas estruturas; revela como determinada sociedade está organizada (ordens hierárquicas, divisões de poder, como o saber está estruturado... e assim por diante); apropria-se de elementos da ordem social, torna alguns deles mais visíveis, mas também os transforma e reage sobre eles. Dessa forma, o jogo pode ser visto como uma série de ações e interações sociais que, além de *exprimirem* o social, também são produtoras de sentido para o mundo social e contribuem para a construção das dinâmicas da vida em sociedade. Por isso é fundamental compreender o jogo *em relação* complexa (e não em simples oposição) com a vida cotidiana e com o mundo social. Dessa forma, o jogo infantil deve ser

---

17 Cf. Leontjew, Alexejew N. "Realistik und Phantasie im Spiel". In: Flitner, Andreas. *Das kinderspiel. Op. cit.*, p. 135.

compreendido não só como domínio da "realidade" (pois proporciona conhecimentos a respeito do mundo social), mas também como invenção da "realidade".[18] Por exemplo, em diversos jogos infantis, onde muitas abordagens enxergam apenas elementos de reprodução de desigualdades entre os sexos, é possível que em grande parte haja também elementos de criação. Brincar de casinha não significa a pura *imitação* dos afazeres domésticos de uma mulher adulta, e nem necessariamente uma preparação para eles, pois é exatamente o seu caráter lúdico que o diferencia. Uma panelinha, uma colher e um fogãozinho podem adquirir, no jogo infantil, significados e usos muito diferentes dos originais. O lúdico permite à criança que joga confrontar-se em um nível simbólico com aquilo que é ser homem ou mulher em uma determinada cultura, e confronto possui um significado muito diferente de reprodução.

Entretanto, isso não deve ser confundido com a preparação para uma vida adulta autônoma, pois trata-se da realização de autonomia no presente. "Como jogadora, a criança não está a caminho, mas sim no fim",[19] no objetivo final. Pois afirmar que o jogo possui uma função social não significa que, para a criança, ele possua uma finalidade consciente e específica que estaria para além dele; continua a ser uma atividade desinteressada e sem consequências pré-definidas; mas, ao mesmo tempo, possibilita um contato ativo com o mundo social (suas estruturas, regras, valores, hierarquias, etc.).

---

18 Cf. Popitz, Heinrich. *Wege der Kreativität. Op. cit.*, p. 78-79.

19 *Ibidem*, p. 80.

O questionamento das possíveis funções e/ou finalidades do jogo infantil coletivo insere-se dentro de uma discussão acerca da ação social humana tida como uma ação potencialmente instrumental, e sinaliza que o jogo infantil livre deve ser compreendido como uma ação que não é instrumental e, portanto, permanece criativa. Porém, isso não significa negar os aspectos instrumentalizadores e normativos da ação social humana, mas sim reconhecer que a instrumentalização do corpo e as relações não-instrumentais com o corpo e com "o outro" podem possuir pesos iguais. Isso implica uma postura de contrariedade à total objetivação daquilo que é subjetivo e, portanto, os objetivos das interações infantis por meio do jogo coletivo devem ser vistos como objetivos do agir e não como finalidades pré-determinadas.[20]

Com isso, é possível estabelecer um posicionamento em contraposição aos modelos dominantes de análise das ações sociais e afirmar que, além da ação racional, da ação estratégica, da ação normativa, da ação instrumental e outras, existe também a ação criativa. O que significa compreender e reconhecer que toda a ação humana possui uma dimensão criativa, que não se apresenta como uma categoria residual, mas coexiste com esses outros aspectos do agir.[21] Se considerarmos a criatividade uma dimensão constituinte de todas as ações sociais humanas, é possível tratar todas elas como potencialmente criativas e não apenas um tipo concreto de ação.[22] Contudo, cada ação social singular apresenta esse aspecto criativo de maneiras específicas (em alguns ca-

---

20 Cf. Joas, Hans. *Die Kreativität des Handelns*. Frankfurt am Main: Suhrkamp, 1996, p. 121, 247.

21 *Ibidem*, p. 15-16.

22 Cf. Popitz, Heinrich. *Wege der Kreativität. Op. cit.*, p. 173.

sos de forma bastante evidente, em outros, com menor intensidade), e nesse sentido é possível demonstrar como o jogo infantil coletivo é uma ação social privilegiada para a observação dessa dimensão criativa, evidenciando-a de uma maneira singular.

Temporalidade, lógica e mundo próprios do jogar e suas relações com a dimensão cotidiana

Jogar coletivamente significa construir e respeitar regras e normas que delimitam o desenrolar do jogo; compartilhar com os demais jogadores um mesmo repertório cultural[23] que inspira tematicamente os jogos; e ainda partilhar afinidades[24] no fantasiar, criar e recriar a partir desse repertório cultural comum, isto é, ter uma "cultura do jogo" ou "cultura lúdica"[25] em comum que permita às

---

23 Compreendo por repertório cultural comum "um sistema de estruturas coletivas de sentido, um sistema de interpretação do mundo, por meio do qual os seres humanos definem realidades, nas quais decide-se sobre o que é bom e o que é ruim, o que é verdadeiro e o que é falso e o que é bonito e o que é feio", etc. (Cf. Hurrelmann, Klaus; Ulich, Dieter. *Neues Handbuch der Sozializationsforschung. Op. cit.*, p. 9). Mas as diversas modalidades que essas "definições" podem assumir é um outro tema e uma outra discussão, que não cabem nos limites deste trabalho.

24 Afinidades que podem ou não ser determinadas pela mesma faixa etária, pelo sexo e pelo partilhar de um meio sociocultural comum.

25 As culturas lúdicas são estruturas complexas e hierarquizadas constituídas de jogos conhecidos e disponíveis, de costumes lúdicos, de jogos individuais, tradicionais ou "universais" e geracionais (Cf. Brougère, Gilles E. *Brinquedo e cultura. Op. cit.*).

crianças que jogam internalizarem uma série de saberes sobre o próprio acontecimento do jogar.[26]

As leis e os costumes da vida cotidiana são a base do jogar, mas o são de uma maneira própria, pois são reestruturadas por meio de uma lógica que muitas vezes não faz o menor sentido na dimensão cotidiana. E isso oferece a base para pensar a especificidade do jogar infantil:

> [...] o conteúdo do jogo infantil é frequentemente muito mais abstrato do que o dos jogos para adultos. A criança fecha as portas ao mundo situado além do domínio de jogo; nos termos de Huizinga, ela o "isola". Eis porque as crianças que jogam frequentemente fingem que os objetos e brinquedos que estão à mão são outras coisas. O adulto que joga não precisa se engajar no jogo como num mundo alternativo; os mesmos símbolos e significações do mundo não-lúdico podem ser mantidos[...][27]

No jogar infantil ocorrem, ao mesmo tempo, a libertação e a criação de uma nova ordem, realizando aquilo que pode ser nomeado autonomia, autonormatização; quando as crianças jogam, criam a "realidade" na qual elas mesmas agem. Porém, esse isolamento próprio do jogo infantil não significa oposição à dimensão cotidiana, e

---

26 Cf. Goldman, L. R. *Child´s play*: myth, mimesis and make-belive. Nova York: Oxford University Press, 1998, p. 2.
27 Sennett, Richard. *O declínio do homem público*. [1974], São Paulo: Companhia das Letras, 1989, p. 392.

sim a delimitação de uma temporalidade e lógica de jogo específicas, pois a criatividade no jogar infantil não é uma ação que parte "do nada". Ela ocorre na medida em que os elementos da vida cotidiana, "tomados de empréstimo" no momento do jogo, são articulados de maneiras diferentes das "originais", modeladas pela fantasia e pela imaginação e reconfiguradas em uma ação e/ou interação potencialmente coletiva, que é o jogo (o que não significa que não se possa jogar sozinho). É por isso que, para alguns autores, o jogo infantil não deve ser concebido como um "outro mundo", mas sim como uma maneira diferente de "estar neste mundo" – mundo do trabalho e mundo adulto não deveriam ser vistos como opostos ao mundo do jogo infantil.[28] Mas, para que seja possível sua realização, os jogos tomam de empréstimo ações e significados das práticas do dia-a-dia e re-semantizam[29] esses significados e ações; dessa forma, constelações específicas são estabelecidas.[30] Nesse sentido, trata-se mais de (re)significar do que de representar "a" realidade.[31]

---

28 Cf. Goldman, L. R. *Child´s play: myth, mimesis and make-belive. Op. cit.*, p. 258.

29 Desse modo, o jogo infantil não deve ser compreendido, como em Sutton-Smith, apenas como uma inversão dos papéis – a que é feia pode ser, no jogo, uma princesa – ou como simples inversão do controle social – como um poder que a criança não exerceria fora do mundo do jogo poderia ser exercido de forma plena no jogar (Sutton-Smith, Brian. *Dialetik des Spiels. Eine Theorie des Spiels, der Spiele und des Sports. Op. cit.*, p. 53). O jogo deve ser compreendido em relação com a complexidade das relações sociais da dimensão cotidiana, e não como uma simples inversão binária da posição da criança em um mundo predominantemente adulto.

30 Cf. Popitz, Heinrich. *Wege der Kreativität. Op. cit.*, p. 67-68.

31 Cf. Brougère, Gilles E. *Brinquedo e cultura. Op. cit.*

Os jogos são, temática e estruturalmente, seleções de experiências pré-lúdicas de toda a espécie: experiências do dia-a-dia, experiências fantásticas, experiências de sonho.[32] O jogar é um mecanismo seletivo, pois seleciona certos aspectos culturais que servirão de subsídio para o jogo em detrimento de outros. E é por isso que ele é também uma condensação: os jogos infantis são curtos em comparação a muitas outras atividades, podem durar apenas segundos ou minutos ou ser uma série de "vinhetas" alinhadas temática ou seqencialmente.[33] O jogo pode trazer em si "os elementos de toda uma vida" em apenas alguns minutos (como um filme).[34] Segundo Huizinga, em muitas línguas a palavra jogo significa aquilo que é rápido e/ou movimentos rápidos. E é por isso que os jogos são, ao mesmo tempo, um exagero, uma "ação excessiva",[35] pois condensam diversos elementos e estruturas do agir da vida cotidiana nessa ação específica, ordenados segundo uma lógica singular.[36]

---

32 Cf. Popitz, Heinrich. *Wege der Kreativität. Op. cit.*, p. 67-68.
33 Cf. Goldman, L. R. *Child´s play:* myth, mimesis and make-belive. *Op. cit.*, p. 4.
34 Cf. Sutton-Smith, Brian. *Dialetik des Spiels*. Eine Theorie des Spiels, der Spiele und des Sports. *Op. cit.*, p. 59.
35 "A nossa segunda realidade, a realidade imaginada é mais ampla do que a realidade de nossa percepção – uma realidade excessiva." (Popitz, Heinrich. *Wege der Kreativität. Op. cit.*, p. 83).
36 "O jogo é uma ação exagerada, que nós encontramos no dia-a-dia apenas em momentos de alta competição e concorrência de algumas profissões e momentos específicos da vida (como fome, medo e sexualidade)"(Popitz, Heinrich. *Wege der Kreativität. Op. cit.*, p. 72).

O jogar pressupõe uma interação específica e os parceiros de jogo precisam entrar em acordo sobre as modalidades dessa interação.[37] É daí que surgem as *regras dos jogos*, como uma maneira de organizar essa forma de interação. Para jogar existe um acordo sobre as regras e uma construção de regras que não necessariamente preexistem ao jogo, mas que são construídas durante o próprio jogar ou orientam o jogo quando ele é repetido, mas não predeterminam seus rumos.[38] Além disso, as regras precisam ser comunicáveis, deve ser possível tomar decisões a seu respeito e negociá-las.

> A brincadeira aparece como um sistema de sucessão de decisões. Esse sistema se exprime através de um conjunto de regras, porque as decisões constroem um universo lúdico, partilhado ou partilhável com outros.[39]

Sem livre escolha, ou seja, sem possibilidade real de decidir, não existiria mais jogo, mas somente uma sucessão de comportamentos, que teria uma origem exterior àqueles que jogam.

Exatamente pelo fato do jogo não estar isolado, não ser um mundo paralelo sem relações de correspondência com a dimensão

---

37 Cf. Bateson, Gregory. "About games and being serious"; "A theory of play and fantasy". *Op. cit.*
38 Cf. Brougère, Gilles E. *Brinquedo e cultura. Op. cit.*; Cf. Runkel, Gunter. *Soziologie des Spiels. Op. cit.*; Cf. Vygótsky, Lev S. *A formação social da mente. Op. cit.*
39 Brougère, Gilles E. *Brinquedo e cultura. Op. cit.*, p. 100-101.

cotidiana, é que se torna fundamental pensar a respeito dos principais elementos da vida cotidiana que são selecionados como temas e possíveis estruturas para o jogar. Como já foi destacado inicialmente, é necessário um certo repertório cultural comum que permita que esses elementos cotidianos sejam evocados no jogo coletivo, portanto, uma memória coletiva, uma memória social. Para que tenhamos uma ideia mais concreta dessa relação entre mundo do jogo e mundo cotidiano, tomemos como exemplo (um tanto polêmico, reconheço) os programas de televisão. Estes podem fazer, sem dúvida, parte desse repertório comum e é possível observar empiricamente o quão forte é a presença de referências a certos programas televisivos infantis nos jogos de meninas e meninos das mais diversas morfologias sociais (como faixa etária, estratificação social e pertencimento racial, entre outras) em nossa cultura ocidental contemporânea.

Nesse sentido, o papel dos programas de televisão no jogar infantil, e em especial dos desenhos animados e filmes feitos para o público infantil, é oferecer às crianças, pertencentes a ambientes diversos, um mesmo repertório comum. A televisão integra certos jogos em um universo maior, de personagens, características, ambientes.

> A brincadeira não é uma *imitação* servil daquilo que é visto na televisão, mas é um conjunto de imagens que tem a vantagem de ser conhecido por todas (ou quase todas) as crianças e de ser combinadas, utilizadas, transformadas no âmbito de uma estrutura lúdica.[40]

40 *Ibidem*, p. 54.

Quando o personagem do desenho animado é incorporado no jogar, isso permite à criança passar de uma relação passiva com a televisão a uma relação ativa, de criação. A cultura infantil, como parte da cultura contemporânea, também absorveu a mídia e em especial a televisão e, dessa forma, as culturas lúdicas também sofreram o seu impacto. "A cultura lúdica dispõe de uma certa autonomia, de um ritmo próprio, mas só pode ser entendida em interdependência com a cultura global de uma sociedade específica". As imagens da televisão fornecem conteúdo para diversos jogos infantis.

> [...] não basta que as imagens sejam apresentadas na televisão, nem mesmo que elas agradem, para gerar brincadeiras; é preciso que elas possam ser integradas ao universo lúdico da criança, às estruturas que constituem a base dessa cultura lúdica [...]"[41] Isso significa que a televisão influencia os jogos na medida em que as crianças podem se apropriar dos temas propostos no quadro de estruturas dos jogos mais recorrentes ou então apropriar-se de algumas estruturas que organizam as dinâmicas e a forma de certos desenhos animados e nelas inserir novos temas.

41 *Ibid*em, p. 52 e 54.

O que foi dito a respeito dos programas televisivos vale para qualquer outro aspecto ou elemento constituinte do cotidiano infantil. Esse exemplo demonstra como o jogo, no que se refere a suas temáticas e estruturas, interage com a dimensão cotidiana e, ao mesmo tempo, mantém-se como um mundo próprio, dotado de lógica e temporalidade singulares.

Jogo como abstração: fantasia e criatividade nas relações de distanciamento e autodistanciamento

Considerar o jogo uma ação/interação social autônoma e simultaneamente relacionada à dimensão cotidiana significa definir os limites das possibilidades de fantasia e criatividade no jogar. Não considero aqui uma criatividade "romântica" intrínseca à infância, mas sim que a criança experimenta maneiras de estar no mundo novas para ela: uma criatividade relativa, e não absoluta.

> A brincadeira dá testemunho da abertura e da invenção do possível, do qual ela é o espaço potencial do surgimento. A brincadeira que pode ser, às vezes, uma escola de conformismo social, de adequação às situações propostas, pode, do mesmo modo, tornar-se espaço de invenção, de curiosidade e de experiências diversificadas, por menos que a sociedade ofereça às crianças os meios para isso.[42]

42 Ibidem, p. 106-107.

Segundo Heinrich Popitz, autor que escreveu um dos trabalhos que mais desenvolve a questão da criatividade no jogar infantil, a criatividade no agir social aflora por meio de três caminhos diferentes e está intrinsecamente ligada ao fantasiar: 1. por meio da fantasia investigadora (buscando, perguntando, experimentando, descobrindo); 2. por meio da fantasia figurada (a criação de artefatos técnicos e artísticos); 3. por meio da fantasia dotadora de sentido (interpretando, justificando, fundamentando, procurando novos sentidos). Assim como essas três dimensões, o jogar infantil também possui sua dimensão criativa, mas a fantasia no jogo resulta em uma criatividade fugaz, por não construir nada de permanente e duradouro. Apenas quando o jogo se articula a uma dessas três espécies de fantasia é que ele pode produzir uma obra duradoura; nesse caso a fantasia do jogo torna-se "produtiva".[43]

Em comparação a esses três tipos de fantasia, a fantasia no jogo possui um significado particular: na criatividade fugaz do jogo descobre-se "realidades não-realistas", algo "real", mas que é ao mesmo tempo fictício, uma "realidade" do *fazer-como-se*. Desse modo, a fantasia do jogo não é um dos três tipos de fantasia acima nomeados, porque não carrega consigo algo que permanece, um saber, uma forma duradoura, um sentido específico. Ao jogar, os jogadores não deixam atrás de si um resultado, um produto do seu fazer, pois no jogo o ser humano é criativo de uma maneira "improdutiva". "Essa é a dimensão especifica e ,"mágica" do jogo, em que o ser humano pode ser criativo improdutivamente."[44] Quando certas vezes perguntamos

---

43 Cf. Popitz, Heinrich. *Wege der Kreativität*. Op. cit., p. 3, 5.
44 *Ibidem*, p. 81.

às crianças o que fazem e elas dizem que só estão "zoando", sinalizam a possibilidade de fazer "algo que não tem sentido", ou que o seu sentido pode ser exatamente o não ter sentido (*nonsense*), como algo que não pode ser interpretado, "a utopia de uma realidade livre de sentido".⁴⁵ Também para Kant o jogo é o objeto dos sentidos que não tem forma, pois que não deixa algo "concreto" como resultado de sua realização.⁴⁶ Portanto, o jogo se resume a um "fazer jogante", que

---

45 *Ibidem*, p. 79-81.
46 Cf. Immanuel Kant, *apud*: Runkel, Gunter. *Soziologie des Spiels*. *Op. cit*. Vygótsky radicaliza essas questões ao afirmar que a ideia de que "o jogo é imaginação em ação" deveria ser substituída pela ideia de que "imaginação é o jogo sem ação" para as crianças. (Cf. Vygótsky, Lev S. *A formação social da mente*. *Op. cit*., p. 93.). Com isso, defende a concepção de que o jogo não realiza nada de concreto e que as crianças não têm chances de agir na maioria das esferas do mundo adulto. O jogo não pertenceria a elas, portanto agir no jogo não seria agir no mundo. Do seu ponto de vista, o jogo não deveria ser considerado ação porque brincar de cavalgar não é cavalgar de verdade e a criança que assim brinca o faz exatamente porque não pode cavalgar de verdade – jogar seria portanto uma maneira de "realizar" desejos em um plano simbólico, em relação de oposição com o "mundo real". Isso demonstra como Vygótsky ainda é tributário de uma concepção de jogo que opõe vida cotidiana e mundo social ao mundo do jogo. Porém, considerar o jogo uma forma de interação específica significa admitir a possibilidade da tensão entre mundo do jogo e mundo cotidiano, mundos ao mesmo tempo correlacionados e independentes. E ainda admitir que, dessa perspectiva, o jogo não é uma ação realizada exclusivamente em um plano simbólico à parte (como Vygótsky e depois também Brougère afimaram), mas também uma ação social específica no mundo social, do qual a dimensão simbólica também faz parte, como Mead tão bem assinala ao discorrer a respeito do

constrói saberes e formas cuja duração se extende apenas durante o jogar, como em um relampejar.

Tudo isso remete novamente à discussão a respeito do jogo como uma ação sem finalidades, mas que, por mais que não produza algo "concreto", ao mesmo tempo produz sentido no interior da sociedade e um conhecimento do funcionamento do mundo social. Mas um conhecimento não sistematizado e sem consequências pré-definidas, exatamente por conta da especificidade de sua criatividade.

No jogar, para que a criatividade entre em ação, faz-se necessária uma capacidade de imaginar algo que não está dado, uma força intensiva de imaginação.[47] O jogo possui um caráter criativo próprio: jogando coloca-se de lado certos aspectos da nossa "realidade" da vida e inventa-se uma outra realidade, e isso faz do jogador um ser autônomo. O prazer de poder, a sorte, a vitória significam um *ser mais*. E a fantasia, a alucinação, a transformação da realidade são um *ser outro, ser outra coisa*. Esses dois elementos são uma transposição de fronteiras, a trancendência de uma condição inicial.[48] Não é uma situação imaginária que faz com que o jogo surja, mas o contrário: são as condições da ação de jogo que evocam a fantasia.[49]

A fantasia no jogar só pode realizar-se quando os jogadores se desfazem dos critérios segundo os quais costumeiramente interpre-

---

caráter simbólico das interações (Cf. Mead, George Herbert. *Mind, self and society. Op. cit.*, p. 135-336).

47 Cf. Popitz, Heinrich. *Wege der Kreativität. Op. cit.*, p. 4.
48 *Ibidem*, p. 73.
49 Cf. Leontjew, Alexejew N. "Realistik und Phantasie im Spiel". *Op. cit.*, p. 136.

tam aquilo que veem, ouvem, degustam, cheiram e tocam.[50] E é nesse sentido que a fantasia no jogo implica relações de distanciamento e de autodistanciamento: distanciamento da lógica e dos sentidos da dimensão cotidiana e autodistanciamento daquilo que acreditamos que somos – para poder *ser outro* no jogar. Para que o jogo ocorra é preciso concentrar-se totalmente nele, entrar totalmente nesse mundo. Os jogadores precisam sair do mundo externo e também de si mesmos (como veremos adiante, o "sair de si" de Walter Benjamin[51]) para entrar por inteiro no jogo (portanto, distanciamento e autodistanciamento), pois precisam ser capazes de controlar suas ações e movimentos e transformá-los em jogo.[52] Para "fazer como se", as crianças precisam ter consciência desse "fingimento", precisam saber que é um jogo.[53]

Ao exercitarem a fantasia, as crianças aprendem a dirigir suas condutas não apenas a objetos das suas percepções imediatas, mas também a tratar objetos e fatos de maneira mais abstrata e subjetiva. Isso fica claro quando as crianças fingem, ao jogar, que um pedaço de pau é um cavalo, pois ao longo dos processos de socialização as crianças percebem que os objetos não somente têm significados, mas também que esses significados podem ser modificados pelo ser humano. "Portanto, a brincadeira é um espaço social, uma vez que não é criada espontaneamente, mas em consequência de uma

---

50 Cf. Popitz, Heinrich. *Wege der Kreativität. Op. cit.*, p. 76.
51 Cf. Benjamin, Walter. *Infância em Berlim por volta de 1900. Op. cit.*
52 Cf. Sutton-Smith, Brian. *Dialetik des Spiels. Eine Theorie des Spiels, der Spiele und des Sports. Op. cit.*, p. 44.
53 Cf. Goldman, L. R. *Child´s play:* myth, mimesis and make-belive. *Op. cit.*, p. 4.

aprendizagem social, e supõe uma significação conferida por todos que dela participam.".[54]

O elemento de fantasia no jogar traz consigo ambivalências e contradições próprias: o jogo é e não é ao mesmo tempo. Um bom e desejado jogador é exatamente aquele que consegue combinar essas dimensões divergentes do jogo: que se envolve totalmente no jogar, mas que é capaz de distanciar-se novamente; que deseja a vitória, mas permanece de bom humor quando perde, prometendo da próxima vez fazer o dobro do que fez e apreciando o "jogar por jogar", sem finalidades; que goza de liberdade de escolha ("só jogo se tenho vontade"), mas não deixa de obedecer às regras do jogo. Esses comportamentos são ao mesmo tempo o fazer-como-se e a "realidade". O "bom jogador" balança entre diversas alternativas, não para se desembaraçar de regras, deveres, afetos ou desejos de cooperação, mas utiliza essas estratégias para proporcionar um ambiente de jogo.[55]

Fantasia, criatividade, relações de distanciamento e autodistanciamento são características do jogo infantil que revelam em que medida o jogar deve ser compreendido como uma abstração, isto é, como as lógicas, temporalidades, estruturas e enredos constituintes da dimensão cotidiana precisam ser simultaneamente de algum modo compreendidos, abstraídos, selecionados e remodelados para dar lugar às ações de jogo.

---

54 Brougère, Gilles E. *Brinquedo e cultura*. Op. cit., p. 102-103.
55 Cf. Krappmann, Lothar. "Entwklung und soziales Lernen im Spiel". In: Flitner, Andreas. *Das Kinderspiel*. Op. cit., p. 174; *Forschung und Information*, Band 4. Das Spiel. Berlim: Colloquium-Verlag, 1983.

Repetição e variação.

Es liesse sich alles trefflich schlichten
Könnt mann die Dinge zweimal verrichten.

[Tudo à perfeição talvez se aplainasse
Se uma segunda chance nos restasse.]

A criança age segundo esta pequena sentença de Goethe. Para ela, porém, não bastam duas vezes, mas sim sempre de novo, centenas e milhares de vezes. Não se trata apenas de um caminho para assenhorar-se de terríveis experiências primordiais mediante o embotamento, conjuro malicioso ou paródia, mas também de saborear, sempre de novo e da maneira mais intensa, os triunfos e as vitórias.[56]

"O embrião do jogo é a repetição".[57] Ao jogar as crianças descobrem que existem coisas que podem ser repetidas, que ensinam que é possível confiar em uma certa previsibilidade de modos de funcionamento do mundo social.[58] Desse modo, repetir é uma modalidade de dotação de sentido; o mundo adquire sentido porque certos

---

56 Benjamin, Walter. Brinquedos e jogos. *Op. cit.*, p. 101.
57 Huizinga, Johan. *Homo ludens. O jogo como elemento da cultura. Op. cit.*, p. 18.
58 Cf. Popitz, Heinrich. *Wege der Kreativität. Op. cit.*, p. 61.

eventos se repetem, se confirmam. O jogo dota de sentido o mundo na medida em que permite que as crianças conheçam essa característica do mundo por meio do jogo, conheçam o próprio mundo e seu funcionamento.

Dessarte, a repetição é uma constante nas estruturas dos jogos infantis; trata-se porém de uma *repetição modificada*. Sobre a base da repetição desenvolvem-se variações por meio de modificações em relações de correspondência com o mundo.[59] A *repetição modificada* é o *fazer mais uma vez*, que aparece sempre sob novas formas, nunca é o mesmo e, portanto, possui uma dimensão potencialmente criativa. A repetição no jogo é uma nova seleção de elementos ou estruturas da dimensão cotidiana que já foram selecionados outras vezes no jogar. Porém, nem todos os elementos são selecionados mais de uma vez da mesma maneira, com as mesmas combinações, daí a ideia de *repetição modificada*. Essa modificação, *esse fazer diferente*, é o espaço da fantasia, é a criatividade em ação no jogar.

Isso significa que a repetição no jogo, para ser criativa, necessita de certos elementos para se concretizar: além da modificação, carece também do *diálogo* e da *incerteza*.[60] O dialogo é a interação ou comunicação com outras pesssoas ou coisas (mesmo que seja só na imaginação) e, quando há interação/comunicação, as coisas nunca permanecem iguais. A incerteza ocorre devido aos inúmeros imprevistos e surpresas que surgem no decorrer do jogo (*Alea*). O decorrer de um jogo é, em certa medida, sempre incerto, porque está nas mãos

---

59 *Ibidem*, p. 67.
60 *Ibidem*.

dos jogadores e das comunicações que estes venham estabelecer.[61] Por mais que diversos autores (partindo de Mead) enfatizem a necessidade de que o jogador anteveja os passos dos outros jogadores, essa capacidade de previsão tem limites; complementarmente a isso aparece o elemento da criatividade. Popitz define essa tensão de maneira sintética: "A arte do jogo é a integração da imprevisibilidade em uma ordem especifica".[62]

O mesmo Popitz elucida a especificidade do caráter de repetição do jogar comparando-o com uma outra atividade infantil, que pode ou não ocorrer simultaneamente com o jogar: o *investigar*. A unidade do jogo e da investigação infantis é facilmente reconhecível: nas duas atividades pode-se perceber um desejo de ação, de divertimento, ambos são ações de surpresas, trazem consigo um ambiente de descontração, um sentimento de liberdade – "[...] a criança mete-se no mundo [...]".[63] A diferença entre eles é que a investigação é uma ação mais linear, pois tem finalidades mais concretas e definidas; o jogo é uma ação circular, o "fazer mais uma vez", justamente as repetições modificadas.

Desse modo, jogar coletivamente significa participar de "encontros improvisados",[64] variar temas e elementos das estruturas dos jogos e também mobilizar esses mesmos temas e estruturas incontáveis vezes e, a cada nova variação, conhecer uma nova faceta da dimensão cotidiana, inserir-se nela, reproduzi-la, recriá-

---

61 *Ibidem*, p. 65.
62 *Ibidem*, p. 78.
63 *Ibidem*, p. 105.
64 Goldman, L. R. *Child´s play*: myth, mimesis and make-belive. *Op. cit.*, p. 2.

la e recriar a si mesmo. O caráter transformador das *repetições modificadas* pode estar presente em intensidades variadas, e é por isso que certos elementos da dimensão cotidiana parecem surgir "tal e qual" nos jogos. Isso nos remete ao que Benjamin nomeia de criação de hábitos. O jogar é regido por regras e ritmos particulares, e a lei da repetição rege sua totalidade, a ideia do "mais uma vez". "A essência do brincar não é (só) um 'fazer como se', mas (também) um 'fazer sempre de novo', transformação da experiência mais comovente em hábito." Todos os hábitos nascem dos jogos, entrando na nossa vida como brincadeira. "Formas petrificadas e irreconhecíveis de nossa primeira felicidade, de nosso primeiro terror, eis os hábitos."[65] Revela-se, dessa maneira, que o caráter de reprodução do jogar conteria em si as origens do que na vida adulta seriam os hábitos.

Corporalidade, movimento, apresentação, teatralidade: performance

> Mais do que uma realidade falsa, sua representação é a realização de uma aparência: é imaginação [...][66]

---

65 Benjamin, Walter. "A doutrina das semelhanças". *Op. cit.*, p. 108.
66 Huizinga, Johan. *Homo ludens*. O jogo como elemento da cultura. *Op. cit.*, p. 17.

Ao observarmos certos jogos, pode parecer existir neles elementos que reproduzem tal e qual a organização do "mundo real", quando o mundo do jogo e mundo social parecem estabelecer uma relação imediata, direta e "realista". Por exemplo, ao observarmos um grupo de meninas brincando de "comidinha" com objetos em miniatura (ou no seu tamanho real): as panelinhas, o fogãozinho, os talheres, o avental de cozinha etc., suas relações com os objetos e os movimentos podem parecer muito semelhantes a um cozinhar adulto. Nessas relações, esses elementos do jogo muitas vezes reforçam aquilo que tomam de empréstimo da organização social – reforçam a própria organização social. Mas aqui também há paradoxo, porque essa relação "realista" não "realiza" algo, mas "representa" algo.

Para exprimir essa ideia com mais exatidão, podemos comparar o jogo a uma peça de teatro, que nada mais é do que uma "apresentação", ou "representação". Assim como o jogo, ela está estruturada em ações e diálogos, que provém de um lugar fora dela, de um roteiro, sem o qual ela não aconteceria. Porém, a maneira de interpretar, ou de apresentar os elementos desse roteiro, é criativa, e por isso é possível assistir a diversas apresentações baseadas em um mesmo roteiro que diferem enormemente. O mesmo se dá com o jogo, e isso envolve aspectos performáticos.

O jogo é uma *ação corpórea* entre seres humanos, objetos e ambientes. Para Gebauer & Wulf, os jogos infantis abarcam movimentos que podem ser vistos como um *medium* entre o ser humano e a sociedade, porque criam relações, estabelecem interdependências. Refletir sobre o jogo significa refletir sobre um "estar no mundo" corpóreo – o corpo nos liga ao mundo –; por meio dele incorporamos estruturas sociais e construímos um saber prático sobre a sociedade.

Há um "corpo que joga", diferente do corpo do dia-a-dia. Além disso, ao observarmos crianças jogarem, é muito frequente perceber um contínuo engajamento com os corpos uns dos outros,[67] relações corpóreas com "o outro" que em sua forma diferem da maioria das atividades da vida cotidiana.

Os jogadores oferecem seus corpos e suas ações para o jogo, que adquirem uma forma específica, movimentam-se no ritmo específico do jogo; podemos dizer que adquirem um *habitus* corpóreo em comum.[68] Da mesma maneira que Gebauer & Wulf enfatizam que esses processos ocorrem principalmente por meio de movimentos corpóreos, Mead vai afirmar que eles se dão essencialmente por meio da linguagem, que extrapola os gestos vocais, uma linguagem do corpo.

Os "movimentos corpóreos" no jogar infantil devem ser tidos por uma forma de movimento singular. As fronteiras que separam os corpos das crianças nos jogos são menos visíveis; é como se elas se imiscuíssem umas nas outras no momento do jogar e a ação coletiva predominasse sobre a individual. Os contatos constantes com os corpos das outras crianças e os significados desses contatos aparecem nos jogos de inúmeras maneiras: toques com as mãos; toques por meio de objetos (uma bola, por exemplo); toques com outras partes do corpo; toques "violentos"; imunidade a partir do

---

67 Cf. Thorne, Barrie. *Gender Play*. Girls and Boys in School. New Brunswick: Rutgers University Press, 1993.

68 Cf. Bourdieu, Pierre. "O conhecimento pelo corpo". In: *Meditações pascalianas*. Rio de Janeiro: Bertrand, 2001, p. 157-198.

toque (jogos de perseguição); mudança de estado/condição a partir do toque (pega-pega, etc.).[69] Os jogos podem ser vistos como rituais de atitudes e gestos, ações e comunicações, representações destinadas a um público (mesmo que o público seja composto pelos próprios jogadores), que possuem uma dimensão profundamente estética, envolvendo vivacidade, graça, movimentos impregnados de ritmo e harmonia. Segundo Huizinga, as palavras que utilizamos para designar os elementos de um jogo pertencem quase todas ao domínio da estética: tensão, equilíbrio, compensação, contraste, variação, solução, união, desunião.

O jogo é um comportamento estruturado por regras, e é por meio delas que ele se conecta ao domínio da estética. As regras dos jogos são a primeira ocasião para objetivar ações, isto é, colocá-las a uma certa distância e transformá-las qualitativamente, aprimorar esteticamente a apresentação.

> O jogo ensina a uma criança que, ao suspender seu desejo pela gratificação imediata, e ao substituí-lo por interesse pelo conteúdo das regras, ele completa seu senso de controle e de manipulação sobre aquilo que expressa (seu caráter estético).[70]

---

69 Cf. Opie, Iona; Opie, Peter. *Childrens games in street and playground.* [1969], Oxford: Oxford University Press, 1984.
70 Sennett, Richard. *O declínio do homem público. Op. cit.*, p. 390-391.

Pude observar diversos jogos que mostram a força desse caráter performático. Não é difícil vislumbrá-lo quando pensamos em brincadeiras como as de mamãe e filhinha, ou nos teatrinhos infantis. Mas mesmo em jogos que muitos associariam mais ao caráter competitivo do que ao estético, como as lutas e o futebol, deste ponto de vista também podem ser tanto a realização de uma performance como uma competição. Em diversas brincadeiras de luta evidencia-se a preocupação com a harmonia e coordenação dos movimentos, quando os lutadores chegam até mesmo a combinar a ordem dos golpes: "Agora eu abaixo e você vem com o pé por cima. Depois é a minha vez." Ou então nos jogos de futebol, nos quais os movimentos com os braços e as expressões faciais eram sempre muito semelhantes quando havia perigo ou quando havia vitória; as comemorações dos gols também envolviam uma performance coletiva; o "sofrimento" provocado por uma "falta" também era uma encenação que envolvia diversos movimentos corpóreos e expressões faciais, como o jogar-se no chão, apertar fortemente o "membro ferido", expressar dor facialmente etc. E todas essas formas de expressão e movimentos corpóreos eram regidos por regras e códigos simbólicos, compartilhados ou criados pelos jogadores no momento do jogo.

Tipos de jogos: é realmente importante e possível categorizá-los?

A maioria dos trabalhos a respeito do jogar infantil preocupou-se não apenas em definir o significado do jogo, mas também em circunscrever os tipos de jogos e os interesses das crianças por eles. E, em trabalhos mais recentes, muitas vezes agrupa-se o jogar infantil de acordo com critérios de morfologia social, como faixa etária, relações de gênero, pertencimento racial, estágio de desenvolvimento cognitivo e sensório-motor, estratificação social, entre muitos outros.[71] Um dos primeiros e principais trabalhos que sistematizou e classificou os tipos de jogos (não apenas os infantis) foi o livro de Callois, *Les jeux et les hommes*,[72] inspirando a maior parte das classificações posteriores sobre o assunto. Ele definiu quatro categorias nas quais quase todas as atividades consideradas jogos pelo senso comum encontrariam lugar: jogos de competição, jogos de acaso/azar, jogos de imitação/simulação, jogos vertiginosos. Muitos outros autores, em certa medida, levaram em conta essa forma de classificação calloisiana e, para categorizar o jogo infantil, acrescentaram, retiraram ou ainda renomearam algumas de suas categorias. Esse é o caso de Popitz, que define os jogos como jogos de função, jogos de fantasia e jogos de regras, ou ainda Sutton-Smith, que delimita as categorias jogos motores, jogos de sorte e jogos de estratégia, só para citar alguns exemplos. Isso sem falar em todos os trabalhos que seguem um modelo piagetiano de classificação dos jogos infantis, tendo como base certos estágios do desenvolvimento sensório-motor infantil.

71 E ainda como forma de diferenciar o jogar um jogo de um comportamento lúdico. Um comportamento lúdico seria fazer algo brincando, com movimentos e ritmos "brincantes", cantando e dançando, ou então, como muitos utilizam hoje em dia, fazer dinâmicas lúdicas com finalidades pedagógicas (quer com adultos, quer com crianças), não utilizando o mesmo grau de concentração e distanciamento que o jogar requer (Popitz, Heinrich. *Wege der Kreativität. Op. cit.*, p. 60).
72 Cf. Caillois, Roger. *Les jeux et les hommes. La masque et le vertige. Op. cit.*

O modelo classificatório de Popitz, por exemplo, diferencia os jogos de função como jogos que privilegiam um contato físico bastante intenso, isto é, uma relação corpórea intensa com objetos, ambientes e pessoas, tais como os jogos de futebol ou as lutas. Já os jogos de fantasia são definidos como jogos de ilusão, de ficção, simbólicos. E os jogos de regras seriam aqueles que privilegiam a competição ou a sorte, como os jogos de tabuleiro ou de cartas. Os jogos de fantasia seriam os que mais se diferenciam do mundo do dia-a-dia, não teriam normas tão parecidas com as do mundo real (como os jogos de regras) e não teriam o caráter de repetição tão marcante (como os jogos de funções).

Segundo diversos autores,[73] ao jogar coletivamente, meninas e meninos jogam em grupos predominantemente separados e de maneiras muito diferentes. Afirma-se que os jogos masculinos são organizados tendo em vista a competição, a hierarquia e a ênfase no contato e força físicas. São ainda de caráter aberto, público, e possuem a intenção de dominar tanto o espaço ao redor, como o objeto jogado (uma bola, por exemplo). Já os jogos femininos são de caráter privado, cooperativo e menos dependentes de espaços pré-determinados. Há algo de teatral nesses jogos, que envolve a ideia do belo, e que ainda enfatiza o papel da linguagem.[74] Brougère e Gebauer & Wulf, por exemplo, afirmam

---

73 Cf. Thorne, Barrie. *Gender Play*. Girls and Boys in School. *Op. cit.*; Cf. Gebauer, Gunter; Wulf, Cristoph. *Spiel, Ritual, Geste*. Mimetisches Handeln in der sozialen Welt. *Op. cit.*, p. 209-222; Cf. Brougère, Gilles E. *Brinquedo e companhia*. *Op. cit.*

74 Cf. Gebauer, Gunter; Wulf, Cristoph. *Spiel, Ritual, Geste*. Mimetisches Handeln in der sozialen Welt. *Op. cit.*, p. 209-222.

que ao longo do tempo delinearam-se culturas lúdicas específicas, nas quais o interesse em jogar foi construído de forma diferente na socialização da maioria das meninas e meninos. Os jogos que buscam um contato físico mais intenso seriam vistos pela maioria das meninas como agressão, já por muitos meninos seriam tidos por uma forma de integração social. Isto é, o ponto onde o jogo deixa de ser jogo seria diferente para os meninos e para as meninas.

Qual é o problema em categorizar os jogos? O problema é que com isso limita-se as possibilidades de enxergar as características muitas vezes contraditórias presentes em cada um deles. Se muitos autores afirmam que essa categorização tem sua função apenas no plano analítico, já que os jogos muitas vezes apresentam características de mais de uma das categorias delineadas, então seria mais interessante pensar em características dos jogos (que podem ou não estar presentes em um jogo determinado e isso em gradações variadas) e não em tipos de jogos, pois os tipos podem então ser incontáveis. Ao invés de afirmar que "os jogos dramáticos são um dos principais momentos em que a criança experimenta estruturar a vida",[75] deveríamos afirmar que o elemento dramático presente em medidas variadas nos jogos (ou, nos termos que utilizo aqui, o elemento performático dos jogos) permite às crianças conhecer e criar maneiras de estruturar e organizar diversos elementos da vida em uma forma específica de interação social, que é o jogo.

Não acredito que meu problema de pesquisa, da maneira como está formulado, careça de uma classificação de tipos de jogos. Defino

---

75 Biber, Barbara. "Wachsen im Spiel". In: Flitner, Andreas. *Das Kinderspiel. Op. cit.*, p. 28.

o jogar como uma ação/interação social que mobiliza diversos temas e estruturas, que podem aparecer de maneiras diferentes nos jogos e, dessa forma, configurar os próprios jogos. Dessa perspectiva, os tipos de jogos são infinitos, pois a cada nova configuração surge um novo jogo, por mais que diversos de seus elementos já tenham aparecido em jogos anteriores. É por esse motivo que optei, neste capítulo, por abordar de maneira detalhada certas *características* do jogo (ou da ação de jogar), pois as características são, de certa forma, fixas, para compreender o jogo como um conceito e analisá-lo teoricamente, ou, em outras palavras, compreender o jogar como uma ação social específica. Já os tipos de jogos, visto que infindáveis, só podem ser minimamente delimitados se vistos em um contexto empírico específico, e mesmo assim não na sua totalidade, mas apenas no que se refere à sua frequência.[76]

Uma das contribuições mais ricas proveniente de minhas observações empíricas foi perceber que existem diferenças entre aquilo que podemos chamar de estruturas dos jogos e as temáticas dos jogos. Observei que diversos grupos de meninas e de meninos jogavam de maneiras muito semelhantes e que as estruturas de seus jogos eram muito parecidas: o que variava eram as temáticas dos jogos. Isso significa que podemos perceber muitas similitudes entre jogos e maneiras de jogar de grupos de crianças do mesmo sexo, porém, na mesma medida é possível perceber também que um certo grupo de

---

76 Creio que uma contribuição do meu trabalho para a discussão a respeito dos jogos infantis coletivos é exatamente propor uma nova forma de abordá-los, por meio de suas principais características, algo que nenhum dos autores com os quais trabalho sistematizou.

meninas, por exemplo, pode ter maneiras de jogar mais semelhantes a um certo grupo de meninos do que a outro grupo de meninas, e assim por diante. Em outros momentos, notei que as temáticas eram muito semelhantes, mas as maneiras de jogar com essas temáticas eram diferentes. Isso significa que as estruturas também podem variar e as temáticas permanecer.[77]

Contudo, ao definir conceitualmente as características do jogo infantil coletivo, automaticamente seleciono ou excluo atividades consideradas (ou não) jogos para o senso comum. Tomemos o "jogo de vídeo-game" como exemplo. Seria ele um jogo? O vídeo-game poderia ser visto como uma produção do mundo adulto para as crianças (como qualquer outro jogo/brinquedo industrializado); uma mídia que, na sua estrutura, incorpora elementos presentes na estrutura e temática de alguns jogos infantis, como uma forma de atrair o público infantil.

O faz-de-conta no vídeo-game pode ser interpretado como um faz-de-conta que já vem pronto, assim como nos desenhos animados ou filmes para crianças, um-faz-de conta que imita o faz-de-conta dos jogos, mas com a diferença que, se o "jogo" de vídeo-game ocorre só no momento da manipulação da máquina e da competição com a máquina e com os outros "jogadores", que "jogam" por meio da máquina, realmente o "fantasiar ativo" parece inexistir, ao menos no que diz respeito ao caráter coletivo do fantasiar no jogar. Afinal, o vídeo-game pode ser "jogado" individualmente; "joga-se" com a máquina e contra a máquina.

---

77 Observei isso claramente nas brincadeiras de "lutinhas" entre crianças do mesmo sexo, que serão analisadas na Parte 2 deste trabalho.

Por outro lado, o vídeo-game também poderia funcionar como mediação das interações (dentre elas os jogos) entre crianças. Isto é, o "jogar" o vídeo-game sozinho em casa pode servir como base para jogos e conversas entre crianças no recreio escolar, na rua ou simplesmente entre amigos, em momentos em que não se pode "jogar" vídeo-game, mas pode-se brincar dos personagens ou trocar figurinhas dos personagens ou simplesmente conversar a respeito do desempenho dos "jogadores" no "jogo" solitário (ou mesmo em grupos). É possível que os jogadores, no momento do "jogar" o vídeo-game, fantasiem internamente. E, se jogam depois (sem a máquina), subsidiados pela temática ou estrutura do jogo do vídeo-game, pode-se reconhecer o fantasiar coletivo, um dos principais elementos para considerar uma interação de *jogo infantil coletivo*. Nesse sentido, de acordo com minha definição das características do jogar, o vídeo-game não seria propriamente um jogo, mas poderia servir de subsídio para alguns jogos ou para algumas interações entre crianças.

Ao mesmo tempo, quando as crianças jogam vídeo-game coletivamente e, simultaneamente, interagem entre si e consideram essas interações parte do jogo, então essa ação específica (o jogar vídeo-game) pode ser considerada jogo, da maneira como o defino. Porém, se não há interação entre os "jogadores", mas simplesmente a *manipulação* do vídeo-game, essa ação não se configura como jogo, por mais que duas ou mais crianças estejam "jogando" o mesmo "jogo". Afinal, é possível "jogar" vídeo-game em grupo sem nem sequer falar com os outros "jogadores", já que o elemento estruturante dessa forma de "jogo" pode ser o próprio vídeo-game, e não uma interação entre seres humanos.

O exemplo do "jogo de vídeo-game" revela o quão complexa pode ser a tentativa de definir jogos e tipos de jogos e enfatiza a necessidade da delimitação de características do jogar, por um lado, e a relevância das análises dos jogos em seus contextos específicos, por outro lado.

Há outras características presentes em muitos dos jogos infantis coletivos que não ganharam o mesmo destaque em comparação às características dos tópicos acima, tal como a *competição* e a *sorte/ azar*, que foram citadas apenas como exemplos de tipos de jogos para alguns autores, assim como diversos outros elementos da vida cotidiana que também podem aparecer ocasionalmente no jogar. É claro que os elementos competitivos, de sorte e de azar são constituintes de inúmeros jogos, mas não aparecem de maneira tão homogênea nos jogos em geral como as características acima elencadas. A ausência de finalidades, a temporalidade e lógica próprias, a fantasia e criatividade, a repetição (modificada) e o caráter performático são características do jogar infantil que podem perpassar todos os jogos em medidas variadas. Essas características aparecem no jogar associadas umas às outras, em relação de interdependência e são fundamentais para a construção, fortalecimento e manutenção das regras e das estruturas dos jogos, e ainda para a mobilização de inúmeras temáticas que inspiram o jogar.

Ao jogar coletivamente, as crianças tornam o objetivo de seu jogar o próprio jogo e, dessa forma, o jogo adquire um estatuto de ação social circunscrita a uma temporalidade própria e regida por uma lógica singular, lógica essa delineada pela fantasia, de onde resulta a criatividade no jogar. Uma forma de criatividade específica, que reaparece a cada nova repetição/reconfiguração dos jogos, que por sua vez constituem-se de ações corpóreas entre crianças, resultando em uma performance própria do jogar.

Dessa perspectiva, o jogo infantil coletivo pode ser tratado como uma forma de interação específica, na medida em que proporciona comunicação com outras pessoas, objetos, animais e ambientes, além de mobilizar (e modificar) um grande repertório cultural. O jogo infantil possui sua especificidade porque desempenha um papel fundamental, poderíamos dizer até estruturante, nos processos de socialização infantil e na construção do *self* da criança – fato que não ocorre com tanta intensidade nos jogos adultos. E, para compreender o jogo como tal, é necessário, como veremos adiante, reconhecer a socialização infantil como uma série de processos *inter-ativos*, nos quais as crianças tomam parte como agentes, devendo ser reconhecidas para além de sua passividade como seres humanos "incompletos" que precisam ser socializados somente por adultos. Nesse sentido, devemos considerar as crianças não apenas como a próxima geração de adultos, mas sim como agentes sociais dentro das diversas dimensões sociais nas quais transitam (inclusive a instituição escolar). "As interações das crianças não são a preparação para a vida; são já a própria vida."[78]

---

[78] Thorne, Barrie. *Gender Play*. Girls and Boys in School. *Op. cit.*, p. 3.

Processos de socialização infantil

"[...] Socialização como o processo do segundo nascimento sociocultural [...]".[1]

Desde meados dos anos 1980, com o surgimento das primeiras iniciativas de desenvolvimento de uma "Sociologia da Infância", sociólogos e pedagogos de diferentes nacionalidades debruçaram-se com afinco sobre as categorias criança e infância, tratando-as como objetos centrais de suas investigações e buscando compreender os processos de socialização partindo dessa nova perspectiva. No anseio por reconhecer o papel ativo das crianças em sua socialização, isto é, considerá-las agentes sociais e produtoras de cultura, muitos estudiosos da infância pretenderam "repensar" o próprio conceito de socialização,[2] no sentido de mobilizá-lo, sem perder de vista as

---

1 D. Claessens (*apud* Weissenborn, Jürgen; Miller, "Max. Sprachliche Sozialisation". In: Hurrelmann, Klaus; Ulich, Dieter. *Neues Handbuch der Sozializationsforschung. Op. cit.*, p. 531).

2 Plaisance, E. "Para uma sociologia da pequena infância". In: *Educação e Sociedade*. Campinas, Abril, 2004, p. 221-241, vol. 25, n. 86; Sirota, R. "Primeiro os amigos: Os aniversários da infância, dar e receber". In: *Educação e Sociedade*. Campinas, vol. 26, n. 91, Maio/Ago., 2005, p. 535-562; Javeau, C. "Criança, infância (s), crianças: Que objetivo dar a uma ciência social da infância?" In: *Educação e Sociedade*. Campinas, vol. 26,

questões emergentes no interior do desenvolvimento da sociologia da infância nas últimas décadas.

Outros autores, no entanto, propuseram mudanças de nomenclatura que enfatizassem a não-passividade infantil em tais processos.[3] Como justificativa para o desuso do conceito socialização e com o objetivo de construir um novo campo específico – o campo da sociologia da infância –, grande parte desses autores defendeu e ainda defende que o conceito socialização surgiu imbricado em teorias de reprodução e manutenção da ordem social – um incorporar de padrões de valores, normas de conduta moral com relação aos outros e a si mesmo –, com suas bases em concepções durkheimeanas. O conceito careceria de uma renomeação na medida em que, na pers-

---

n. 91,Maio/Ago., 2005, p. 379-389; Mollo-Bouvier, S. "Transformação dos modos de socialização das crianças: uma abordagem sociológica". In: *Educação e Sociedade*. Campinas, vol. 26, 2005, n. 91, Maio/Ago., p. 391-403; Setton, Maria da Graça J. "A particularidade do processo de socialização contemporaneo", In: *Tempo Social. Revista de Sociologia da USP*. vol. 17, n. 2, nov./2005, p. 335-350.

3   Gilgenmann, Klaus. "Autopoiesis und Selbstsozialisation. Zur systemtheoretischen Rekonstruktion von Sozialisationstheorie". In: *Zeitschrift für Sozialisationsforschung und Erziehungssoziologie*. Heft 1, 1986; Corsaro, William. *The sociology of childhood. Op. cit.*; James, A.; Prout, A. *Constructing and reconstructing childhood*. Londres: Falmer, 1997; Mayall, B. *Towards a sociology for childhood*: thinking from children's lives. Philadelphia: Open University Press, 2002. Sarmento, M. J. "Gerações e alteridade: Interrogações a partir da sociologia da infância". In: *Educação e Sociedade*. Campinas, vol. 26, n. 91, maio/ago., 2005, p. 361-378.

pectiva de Durkheim,[4] abordar a socialização na infância significaria conceber crianças socializadas por adultos, crianças em processo de integração passiva em sociedade.

Contudo, essa recusa da utilização do conceito socialização culminou também na recusa do reconhecimento de diversas outras obras sociológicas clássicas que utilizaram a mesma nomenclatura conceitualmente. Esses trabalhos parecem negar grande parte desse escopo teórico já existente, esquecendo-se, propositadamente ou não, de que outros sociólogos clássicos, além de Durkheim, também desenvolveram o conceito socialização em suas obras de maneiras muito diversas das durkheimeanas e, a meu ver, plenas de sentido para o desenvolvimento teórico de uma sociologia da infância hoje.

Ana Cristina Coll Delgado e Fernanda Müller, em sua apresentação do dossiê sobre sociologia da infância da revista *Educação e Sociedade* n. 91,[5] destacam os principais desafios enfrentados pela sociologia da infância contemporânea: a lógica adultocêntrica, a entrada no campo e a ética nas pesquisas com crianças. Acredito que ao lado desses desafios poderíamos também alocar as dificuldades do desenvolvimento de teorias sociológicas contemporâneas para pensar a infância e a articulação de conceitos sociológicos clássicos no desenvolvimento de tais teorias. Ao propor novas nomenclaturas,

---

4 Durkheim, Emile. *Educação e sociologia.* [1922], São Paulo: Melhoramentos, 1967; Durkheim, Emile. *Lições de sociologia.* A moral, o direito e o estado. [1950], São Paulo: T/A Queirós, 1983.

5 Cf. Delgado, A. C. C.; Müller, F. "Sociologia da infância: pesquisa com crianças". (Apresentação) In: *Educação e Sociedade.* Campinas, vol. 26, n. 91, maio/ago., 2005, p. 351-360.

a sociologia da infância enfrenta a difícil tarefa de, junto a elas, criar novos significados integrados em desenvolvimentos teóricos mais amplos – o que pode acarretar em um empobrecimento no âmbito teórico,[6] exatamente por não reconhecer a relevância das teorias sociológicas clássicas na construção de novos campos de análise.

Isso posto, proponho que as obras de sociólogos clássicos que desenvolveram o conceito *processos de socialização* em suas pesquisas, como Simmel[7] e Mead,[8] sejam lidas à luz das questões suscitadas no interior do domínio da sociologia da infância, a fim de demonstrar o quão enriquecedor pode ser empregar tal conceito para pensar a infância hoje. Primeiramente, apresento o desenvolvimento do conceito *processos de socialização* em Simmel e, num segundo momento, correlaciono as concepções simmelianas com a obra de Mead a respeito do desenvolvimento do *self*, com o objetivo de definir os processos de socialização na infância. No último item deste capítulo, procuro demonstrar como as concepções de socialização em Simmel e Mead permitem pensar a infância como um período específico dos processos de socialização, cunhado por formas de interação específicas, nas quais as crianças desempenham papéis ativos na construção de seus *selves* individuais e da sociedade e cultura em que estão inseridas.

---

6 Cf. Montandon, C. "Sociologia da infância: balanço dos trabalhos em língua inglesa". In: *Cadernos de Pesquisa*, São Paulo, n. 112, mar./2001.

7 Simmel, Georg. *Soziologie*. Untersuchungen über die Formen der Vergesellschaftung. *Op. cit.*

8 Mead, George Herbert. *Mind, self and society. Op. cit.*

O conceito de socialização

Émile Durkheim[9] foi um dos primeiros autores a forjar o conceito socialização em sociologia; considerava-o o desenvolvimento conduzido pelos adultos daqueles que ainda não estão inseridos na vida em sociedade – portanto, algo específico do período da infância.[10] A autonomia do agir foi tratada por Durkheim como um *déficit* para a vida organizada em sociedade, à qual os indivíduos deveriam ser integrados, uma vez que incorporavam os saberes e normas sociais vigentes, por intermédio de indivíduos "já socializados", com a finalidade de manter a coesão e a ordem social.[11]

Em Simmel[12] e Weber[13] a autonomia individual passa a ser considerada um valor cultural, uma modalidade moderna de condução da vida de forma racional e motivada internamente.[14] Essa maneira de conceber as relações entre indivíduo e socie-

---

9 Durkheim, Emile. *Educação e sociologia*. Op. cit.; Durkheim, Emile. *Lições de sociologia. A moral, o direito e o estado*. Op. cit.

10 Cf. Scherr, Albert. "Sozialisation, Person, Individuum". In: *Schäfers, Bernhard*. (orgs.). *Einführung in Hauptbegriffe der Soziologie*. Opladen: Leske und Budrich, 2002.

11 Cf. Veith, Hermann. "Sozialisation als reflexive Vergesellschaftung". In: *Zeitschrift für Sozialisationsforschung und Erziehungssoziologie*. Heft 2, 2002.

12 Simmel, Georg. *Philosophie des Geldes*. [1900] (Gesamtausgabe. Band 6), Frankfurt am Main: Suhrkamp, 1989.

13 Weber, Max. "Die protestantische Ethik und der Geist des Kapitalismus". [1905/1920], In: *Gesammelte Aufsätze zur Religionssoziologie*. Tübingen: Mohr (Siebeck), 1988, Band 1, p. 17-206.

14 Cf. Veith, Hermann. "Sozialisation als reflexive Vergesellschaftung". *Op. cit.*

dade subsidiou o desenvolvimento do conceito de socialização (*Vergesellschaftung*) em Simmel,[15] para quem qualquer forma de interação entre seres humanos deve ser considerada uma forma de socialização.[16] Nesse sentido, em Simmel, o ser humano como um todo é visto como um complexo de conteúdos, forças e possibilidades sem forma; a partir das suas motivações e interações do seu "estar-no-mundo mutante", modela a si mesmo como uma forma diferenciada e com fronteiras definidas[17] e, ao mesmo tempo, socializa-se.

Após Simmel, muitos outros autores também desenvolveram, de maneiras variadas, reflexões a respeito do conceito de socialização, como Mead,[18] Parsons,[19] Piaget,[20] Habermas[21] e Luhmann,[22] para mencionar apenas alguns. De certo modo, muitos desses autores afirmam, como Simmel, que os processos de socialização constituem-se de interações e que os conceitos, valores, autoconceitos e estruturas

---

15 Cf. Simmel, Georg. *Soziologie*. Untersuchungen über die Formen der Vergesellschaftung. *Op. cit.*
16 *Ibidem*, p. 284.
17 Cf. Simmel, Georg. *Grundfragen der Soziologie. Op. cit.*, p. 55.
18 Cf. Mead, George Herbert. *Mind, self and society. Op. cit.*, p. 135-336.
19 Cf. Parsons, Talcot; Bales, R.F. *Family, socialisation and interaction process. Op. cit.*
20 Cf. Piaget, Jean, A *formação do símbolo na criança*. Imitação, jogo e sonho, imagem e representação. *Op. cit.*
21 Cf. Habermas, Jürgen. "Stichworte zu einer Theorie der Sozialisation". [1968], In: *Kultur und Kritik*. Frankfurt am Main, Suhrkamp, 1973.
22 Cf. Luhmann, Niklas. *Soziologische Aufklärung 4*. Beiträge zur funktionalen Differenzierung der Gesellschaft. Opladen: Westdeutscherverlag, 1987.

da personalidade individuais se desenvolvem de maneira dinâmica nesses processos e seguem a lógica de uma transformação ligada a práticas sociais que ocorrem desde a infância.[23] Para Parsons, por exemplo, a socialização ocorre nas diversas dimensões da vida dos indivíduos: na família, nos relacionamentos (amizades, grupos de interesses etc.), na escola, na universidade e na vida profissional.[24] Luhmann, assim como Simmel, também afirma que socialização acontece em todos os contatos sociais.[25]

Já o caráter processual do conceito de socialização foi explorado principalmente por Leopold von Wiese[26] e Norbert Elias,[27] a partir da concepção simmeliana de *Vergesellschaftung* (processos de

---

23 Cf. Veith, Hermann. "Sozialisation als reflexive Vergesellschaftung". *Op. cit.*, p. 169.

24 Schulze, Hans-Joachim; Künzler; Jan. "Funktionalistische und systemtheoretische Ansätze in der Sozialisationsforschung". In: Hurrelmann, Klaus; Ulich, Dieter. *Neues Handbuch der Sozializationsforschung. Op. cit.*

25 Cf. Luhmann, Niklas. *Soziologische Aufklärung.* 4. Beiträge zur funktionalen Differenzierung der Gesellschaft. *Op. cit.*, p. 177; Cf. Schulze, Hans-Joachim; Künzler; Jan. "Funktionalistische und systemtheoretische Ansätze in der Sozialisationsforschung". *Op. cit.*

26 Wiese, Leopold von. "As quatro categorias fundamentais: processo social, distância, espaço social e configuração social". [1933], In: Barreto, Romano; Willems, Emilio. *Leituras sociológicas*. São Paulo: Revista de sociologia, Série Ciências Socias, Vol. I, 1940; Cf. Wiese, Leopold von. "Beziehungssoziologie". [1931], In: Vierkandt, Alfred. *Handwörterbuch der soziologie*. Stuttgart: Ferdinand Enke Verlag, 1959.

27 Cf. Elias, Norbert. *Was ist Soziologie? Op. cit.*; Cf. Elias, Norbert. *Die Gesellschaft der Individuen. Op. cit.*

socialização).[28] "Processos de socialização", no plural, e não no singular, e nem simplesmente "socialização", é uma concepção extraída de Simmel que deriva do seu entendimento de *processos sociais*, processos que, pensados no plural, enfatizam o caráter de mobilidade e dinâmica das interações sociais. E é esse conceito de extração simmeliana que irá subsidiar meu trabalho para, em um segundo momento, definir aquilo que considero processos de socialização infantil.

Em suas dimensões mais amplas, os processos de socialização envolvem um ser humano individual (todo um expectro de experiências, posicionamentos, saberes, estruturas emocionais, capacidades cognitivas); suas interações, comunicações e atividades no meio social em que vive (relações familiares, escolares, interações com outras crianças, meios de comunicação de massa, religião etc.); bem como as distinções sociais que podem se manifestar em todas essas relações (sua pertença racial, de gênero, de estratificação social etc.). Essas dimensões devem ser tratadas, em seu conjunto ou em suas particularidades, segundo uma perspectiva sociológica, de acordo com um modelo "reflexivo" de socialização,[29] que permite analisar como os indivíduos desenvolvem necessidades, capacidades, competências do agir, interesses e qualidades pessoais em tensão com as regras, expectativas e costumes sociais. Nesses processos estão em jogo aspectos multidimensionais objetivos e subjetivos, isto é, os

---

28 Cf. Waizbort, Leopoldo. "Elias e Simmel". In: Waizbort, Leopoldo (org.). *Dossier Norbert Elias*. São Paulo: Edusp, 2000, p. 91.

29 Cf. Hurrelmann, Klaus; Ulich, Dieter. *Neues Handbuch der Sozializationsforschung. Op. cit.*

processos do desenvolvimento da identidade e as comunicações e interações com o outro.

De uma perspectiva simmeliana e eliasiana, é fundamental iniciar uma análise sociológica dos processos de socialização tendo como ponto de partida as conexões, as relações, as interdependências para, a partir delas, dirigir-se para os elementos (pessoas e grupos) nelas envolvidos.[30] Visto que esses processos constituem-se de interações, devem ser considerados redes de interdependências, onde tudo está relacionado.[31] A realização das inúmeras modalidades de interação social implica interdependência dos envolvidos na interação;[32] desse modo, nas interações constituintes dos processos de socialização, a atitude de um membro individual de determinado agrupamento social nunca pode ser vista como independente.[33]

Tanto em Simmel como em Elias, o mundo social é tido por um conjunto de relações, um todo relacional, relações em processo. É por isso que socialização (*Vergesellschaftung*) é interação, e se compreende que as formas de interação são as formas de socialização.[34] Isso significa que cada relação, por mais insignificante que pareça ser, contribui para a organização da vida em sociedade, e a sociedade nada mais é do que o conjunto dessas interações.[35] Desse modo,

---

30 Cf. Elias, Norbert. *Was ist Soziologie? Op. cit.*, p. 126.
31 Cf. Waizbort, Leopoldo. "*Elias e Simmel*". *Op. cit.*
32 Cf. Becker-Beck, Ulrike. *Soziale Interaktion in Gruppen*. Struktur und Prozessanalyse. Opladen: Westdeutscher Verlag, 1997, p. 21.
33 *Ibidem*.
34 Cf. Simmel, Georg. *Grundfragen der Soziologie. Op. cit.*, p. 58-59.
35 Cf. Waizbort, Leopoldo. "*Elias e Simmel*". *Op. cit.*, p. 96.

"[...] a partir de cada interação singular é possível adentrar na teia do todo. Não há uma via de acesso que seja privilegiada, senão que todas elas levam a ele.".[36]

Portanto, socializar-se implica sempre transformação, pois trata-se de processos que são móveis e dinâmicos, não-fixos; são transformações tanto estruturais, como processuais e individuais. As estruturas/configurações dos diversos grupos sociais e as diversas estruturas/configurações[37] no interior de uma determinada sociedade não são fechadas em si mesmas, estão sempre em relação com outras estruturas e por isso modificam-se constantemente.[38] Da mesma forma, "[...] a mutabilidade é uma característica imutável dos seres humanos. Ela não é uma espécie de caos mas sim um determinado

---

36 *Ibidem*, p. 97.

37 Há autores, como von Wiese e Elias, que afirmam a não existência de estruturas em uma sociedade que é constituída por processos sociais. O termo configurações apresenta-se como uma alternativa para designar aquilo que para outros autores é compreendido como estruturas, pois configurações enfatizariam algo não fixo. "Uma configuração social é uma pluralidade de relações sociais, ligadas de modo a serem consideradas, na vida prática, como unidade. As configurações sociais não podem ter outros elementos senão processos sociais, pois não há outros. Elas são um estado contínuo (relativo) de determinados distanciamentos entre homens, estado esse representado como algo que tem forma." (Wiese, Leopold von. "As quatro categorias fundamentais: processo social, distância, espaço social e configuração social". *Op. cit.*, p. 5) Elias, a seguir, propôs o termo *figuração* (Elias, Norbert. *Was ist Soziologie? Op. cit.*).

38 Cf. Seiler, Thomas Bernhard. "Entwicklung und Sozialisation: eine strukturgenetische Sichtweise". In: Hurrelmann, Klaus; Ulich, Dieter. *Neues Handbuch der Sozializationsforschung. Op. cit.*

tipo de ordem [...]".[39] Nesse sentido, "[...] interagir significa ajustar-se a situações mutáveis [...]".[40]

Socialização é um conceito congregador para estruturas/configurações e processos, que reúne simultaneamente juízos de valor, esquemas emocionais, orientações do agir e prontidões do desenvolvimento de crianças e adultos, desde que estejam inseridos em um grupo ou cultura de interesses coletivos.[41] Ela abrange os processos que permeiam toda a vida de um indivíduo, nos quais este toma parte ativamente por meio da participação em comunicações sociais, ações sociais, língua, costumes sociais, regras, normas e saberes. E assim desenvolve a capacidade da linguagem e do agir tanto quanto a sua própria personalidade e uma imagem de si, uma identidade.[42]

O individual só realiza-se nessas interações, nas relações com o outro[43] e, nesse sentido, não é possível dissociar indivíduo de sociedade.[44] O conceito de indivíduo refere-se a pessoas interdependentes,[45] pois "[...] não há identidade-eu sem identidade-nós [...]".[46]

---

39 Elias, Norbert. *Was ist Soziologie? Op. cit.*, p. 125.

40 *Ibidem*, p. 119.

41 Cf. Ulich, Dieter; Kampfhamer, Hans-Peter. "Sozialisation der Emotionen". In: Hurrelmann, Klaus; Ulich, Dieter. *Neues Handbuch der Sozializationsforschung. Op. cit.*, p. 554.

42 Cf. Scherr, Albert. "Sozialisation, Person, Individuum". *Op. cit.*, p. 47.

43 Cf. Waizbort, Leopoldo. "Elias e Simmel". *Op. cit.*, p. 100.

44 *Ibidem*, p. 91-92.

45 Cf. Elias, Norbert. *Was ist Soziologie? Op. cit.*, p. 136.

46 Elias, Norbert. *Die Gesellschaft der Individuen. Op. cit.*, p. 152.

> O sentido que cada um tem da sua identidade está estreitamente relacionado com as ‚relações de 'nós e de ‚eles' no nosso próprio grupo e com a nossa posição dentro dessas unidades que designamos por nós e eles."[47]

Em Mead, o conceito de socialização aparece atrelado ao desenvolvimento do *self*,[48] de um *self* individual que é resultado de uma concepção de indivíduo dotado de certo grau de autonomia desde a infância. Como veremos adiante, essa não-dissociação de desenvolvimento do *self* e socialização é fundamental para compreender os processos de socialização infantil.

Assim, socialização pode ser entendida como uma série de processos abertos em todas as idades, e também no que concerne aos seus resultados, por meio dos quais os indivíduos formam "tensões ativas" com o seu ambiente.[49] Nesse sentido, ela ocorre de forma não-planejada e não-previsível.[50] É por esse motivo que Luhmann afirma

---

47 Elias, Norbert. *Was ist Soziologie? Op. cit.*, p. 139.

48 *Self* é a nomenclatura utilizada por Mead para designar a "identidade" que se desenvolve em cada indivíduo singular. Adoto essa forma de nomear identidade em meu trabalho e aponto seus significados de forma detalhada adiante (Cf. Mead, George Herbert. *Mind, self and society. Op. cit.* p. 135-226).

49 Cf. Liegle, Ludwig. "Kulturvergleichende Ansätze in der Sozialisationsforschung". In: Hurrelmann, Klaus; Ulich, Dieter. *Neues Handbuch der Sozializationsforschung. Op. cit.*, p. 215.

50 Cf. Scherr, Albert. "Sozialisation, Person, Individuum". *Op. cit.*, p. 48.

que socialização deve ser caracterizada como "autosocialização",[51] pois não existem mecanismos de causa e efeito que determinam a interação e comunicação sociais e o desenvolvimento psíquico da identidade. Isso significa que os efeitos de certas condições sociais de socialização não são determinados e previsíveis (isto é, estão sob o regime da contingência), e o que importa perceber é como as diferentes condições de socialização possibilitam ou limitam as chances de desenvolvimento da identidade.[52]

Muitos autores radicalizaram essa maneira de conceber os processos de socialização e passaram a não mais nomeá-los "processos de socialização", mas sim apenas "autosocialização" (*Selbstsozialisation*),[53]

---

51 Cf. Luhmann, Niklas. *Soziologische Aufklärung. 4.* "Beiträge zur funktionalen Differenzierung der Gesellschaft". *Op. cit.*, p. 176.

52 Cf. Scherr, Albert. "Sozialisation, Person, Individuum". *Op. cit.*, p. 46, 57.
 Portanto, não é porque muitas meninas brincam de casinha na infância que necessariamente se tornarão donas de casa submissas aos maridos, e também não é porque muitos meninos (e, cada vez mais, muitas meninas) jogam jogos considerados "violentos", que serão homens violentos e dominadores no futuro, inclusive no que se refere à sua relação com as mulheres. Essas escolhas por determinados tipos de jogos infantis podem ocorrer por uma eventual necessidade socialmente produzida, própria dos processos de socialização, de diferenciar-se, de formar grupos, e dessa forma construir sua própria identidade enquanto meninas e meninos.

53 Cf. Gilgenmann, Klaus. "Autopoiesis und Selbstsozialisation. Zur systemtheoretischen" Rekonstruktion von Sozialisationstheorie. *Op. cit.*; Cf. Hoff, Ernst. "Sozialisation al Entwicklung der Beziehnug zwischen Person und Umwelt". In: *Zeitschrift für Sozialisationsforschung und Erziehungssoziologie.* Heft 1, 1981; Cf. Hurrelmann, Klaus; Mürmann, Martin; Wissinger, Jochen. "Persönlichkeitsentwicklung al

afirmando que o conceito de socialização surgiu imbricado em teorias de reprodução e manutenção da ordem social – um incorporar de padrões de valores, normas de conduta moral com relação aos outros e a si mesmo –, como em Durkheim e, portanto, careceria de uma renomeação. O problema dessa radicalização é que ela acaba por enfatizar apenas o lado autônomo e individual dos processos de socialização; processos de socialização, como se pode depreender do que foi dito nos parágrafos anteriores, é um conceito mais amplo, que abrange tanto o caráter reprodutivo como o criativo do agir social, porque se constitui de interações e são elas, e não apenas o ser individual, que os definem.[54]

---

produktive Realitätverarbeitung. Die interaktions -und handlungstheoretische Perspektive in der Sozialistionsforschung". In: *Zeitschrift für Sozialisationsforschung und Erziehungssoziologie. Op. cit.*; Cf. Veith, Hermann. "Sozialisation als reflexive Vergesellschaftung". In: *Zeitschrift für Sozialisationsforschung und Erziehungssoziologie. Op. cit.*; Cf. Zeiher, Helga. "Kinder in der Gesellschaft und Kindheit in der Soziologie". In: *Zeitschrift für Sozialisationsforschung und Erziehungssoziologie. Op. cit.*

54 Outros autores também procuraram uma terceira forma de nomear esse processo que, em seu próprio nome congregasse aspectos divergentes, como Corsaro que, ao pensar a socialização infantil, afirma que da maneira como foi tratado na sociologia, socialização não é um bom termo, pois carrega consigo o pressuposto de que as crianças são socializadas por outros ou por outras instâncias, e não são ativas nesses processos; ele propõe o termo *reprodução interpretativa*. Porém, não se trata apenas de uma questão de nomenclatura, mas sim de atribuição de significados; dessa forma, processos de socialização também podem ser considerados um bom termo, basta redefini-lo como Simmel, há um século, o fez.

Em resumo, os processos de socialização podem ser compreendidos como um compêndio de interações entre seres humanos, das quais estes participam ativamente e assim tornam-se membros de determinada sociedade e cultura. Por meio dos processos de socialização, os indivíduos internalizam uma série de valores, formas de agir e maneiras de pensar e ao mesmo tempo desenvolvem seu *self* individual em uma relação de interdependência e ao mesmo tempo de conflito com os valores socioculturais que lhes são oferecidos;[55] esses processos ocorrem quando se estabelecem correspondências entre a realidade objetiva (mundo social) e a realidade subjetiva (identidade pessoal).[56]

Tendo como ponto de partida uma compreensão dos processos de socialização baseada nas concepções de inspiração simmeliana acima explicitadas – nas quais os processos de socialização são considerados interações sociais que perpassam toda a vida dos indivíduos – resta saber qual seria a especificidade dos processos de socialização infantil. Seria possível (e necessário) classificar os processos que ocorrem na infância como constituintes de uma "socialização primária" e os processos que ocorrem na vida adulta como constituintes de uma "socialização secundária"? A infância como uma fase particular da vida apresenta formas de interação singulares? O jogo infantil seria uma delas?

---

55 Cf. Hillmann, Karl-Heinz. "Sozialisation". In: *Wörterbuch der soziologie*. Stuttgart: Kröner, 1994, p. 805.
56 Cf. Berger, Peter; Luckmann, Thomas. *A construção social da realidade*. [1967], Petrópolis: Vozes, 1983.

As especificidades dos processos de socialização infantil

> Não há um ponto zero do relacionar-se social do singular, um "começo" ou um corte, ao qual ele, como um ser livre de interdependências, possa se aproximar da sociedade como que de fora, para posteriormente vincular-se a outros seres humanos. [...] Assim, o singular está sempre e desde o princípio em relações com outros, e na verdade, em relações de estrutura totalmente determinadas e específicas para o seu grupo. Ele obtém sua peculiaridade da história dessas suas relações, dependências e referências, e com isso, em um nexo mais amplo, da história do conjunto dos entrelaçamentos humanos, em que ele cresce e vive. Essa história, esse entrelaçamento humano está presente nele e é representada por ele [...]".[57]

A especificidade dos processos de socialização na infância, de um ponto de vista sociológico, repousa no fato de que as crianças participam de uma série de modalidades de interações sociais, que variam cultural e historicamente e que, de maneira generalizada, ocorrem "apenas" na infância. Dentre elas podemos citar como fundamentais as interações no interior da instituição escolar (interações

---

57 Elias, Norbert. *Die Gesellschaft der Individuen. Op. cit.*, p. 47-48.

entre crianças, entre crianças e professores, entre crianças e demais funcionárias/os); as interações no interior da vida familiar (com pais, irmãos, primos, avós etc.), nas quais a criança possui o *status* de alguém que depende financeira e emocionalmente dos adultos por ela responsáveis; e as interações por meio do jogar.[58] É claro que há crianças que não vão à escola, trabalham e não possuem adultos por elas responsáveis, mas essas são consideradas, em nossa sociedade, condições adversas de uma infância privada de infância. Desse modo, podemos dizer que as modalidades acima citadas são formas de interação infantil características da sociedade contemporânea ocidental.[59] Quando essas crianças tornam-se pessoas adultas, deixam de participar (na condição de crianças) da maioria dessas modalidades de interação e passam a privilegiar outras formas de

---

58 A maioria das pesquisas sobre socialização infantil repousam principalmente sobre as chamadas instâncias socializadoras "escola" e "família", mas deixam em segundo plano as interações entre as crianças e, dentre elas, o jogar infantil.

59 Não podemos nos restringir aqui às características da infância de crianças que vivem em sociedades pós-industriais, modelo proposto por diversos autores europeus e norte-americanos, mas que não se aplicam à infância (ou às diversas infâncias) brasileira. Nas sociedades chamadas pós-industriais, as crianças possuem o seu dia dividido em atividades específicas, com um controle do tempo e de suas ocupações; portanto os espaços do jogar são limitados tanto temporal quanto espacialmente – não podem mais jogar na rua como as gerações anteriores. Num país como o Brasil, essas definições dizem respeito a apenas uma parcela da população infantil, visto que a maioria das crianças brasileiras não passam seus dias "presas" em casa e não têm o seu tempo preenchido com atividades chamadas "extraescolares", como aulas de línguas, esportes, dança etc.

interação em suas experiências cotidianas. Nesse aspecto, as divergências entre os processos de socialização infantil e os processos de socialização na vida adulta ocorrem apenas no que se refere às formas de interagir, mas não no próprio ato de interagir. Isso faz com que, por um lado, os processos de socialização infantil tenham uma especificidade, mas, por outro lado, isso define os seus limites, pois, vistos de uma perspectiva mais ampla, pode-se considerar que tanto adultos como crianças participam de interações; e o interagir é o que define o socializar-se.

Dessa forma, os processos de socialização infantil podem ser definidos da mesma maneira pela qual defini conceitualmente os processos de socialização em suas características mais amplas. Sendo assim, compreendo a socialização infantil como uma série incontável de processos, por meio dos quais as crianças aprendem, compartilham, criam e reproduzem ação, pensamento e comunicação, que possibilitam não apenas a sua introdução passiva no mundo, mas também a constituição de um mundo no qual passam a habitar e simultaneamente desenvolvem o seu *self* individual. Ao mesmo tempo em que as crianças se apropriam subjetivamente do mundo social, apropriam-se subjetivamente de sua própria identidade, que se constrói em relação com esse mundo.[60] São processos que perpassam toda a infância de diversas maneiras, e não um marco temporal, no qual as crianças são repentinamente inseridas no mundo.

---

60 Cf. Berger, Peter; Luckmann, Thomas. *A construção social da realidade.* *Op. cit.*

Portanto, não é possível afirmar, como Berger e Luckmann,[61] que as crianças são socializadas por outros que lhes são impostos, filtrando o mundo social para elas e encarregando-se de sua socialização.[62] É claro que, quer elas aceitem de forma positiva ou negativa, os adultos que estão ao seu redor são referências; alguns dos aspectos do mundo social serão "filtrados" por e para elas e contribuirão para a formação de suas identidades.[63] Porém, visto que os processos de socialização infantil constituem-se de interações, no interagir com adultos as crianças não são *socializadas*, mas *socializam-se*, assim como os adultos que, ao interagir entre si ou com crianças, também socializam-se; pois mesmo uma criança pequena é alguém que trabalha as realidades interna e externa e, dessa forma, modela seu próprio *self*, já que, dessa perspectiva, a infância é concebida como uma fase que possui o mesmo peso que a idade adulta ou a velhice.[64]

Entretanto, o interagir social com "o outro" é algo que precisa ser desenvolvido. Mead demonstra que crianças pequenas não possuem o mesmo grau de percepção das suas interações com "o outro" se comparadas com crianças maiores. Isto é, a percepção do "estar no

---

61 *Ibidem*.

62 Embora depois afirmem que as crianças não se apropriam de tudo o que lhes é transmitido, mas que também filtram o mundo social subjetivamente de acordo com aqueles aspectos com os quais se identificam ou não (Berger, Peter; Luckmann, Thomas. *A construção social da realidade. Op. cit.*).

63 *Ibidem*.

64 Cf. Hurrelmann, Klaus. *Einführung in die Sozialisationstheorie*. Über den Zusammenhang von Sozialstruktur und Persönlichkeit. *Op. cit.*

mundo social", e de que para estar nesse mesmo mundo é preciso participar de interações sociais constituintes de um conjunto incontável de processos, é algo que não está dado de antemão. A forma por meio da qual essa percepção se desenvolve é o próprio interagir, e uma das modalidades de interação infantil que contribui para esse desenvolvimento, como veremos, é o jogar.

Ao contrário de Berger e Luckmann, que afirmam que as crianças são socializadas primariamente e, na vida adulta, experienciam uma "socialização secundária", já estando em grande parte "socializadas" e apenas inserindo-se em novos setores sociais por elas ainda não explorados, podemos dizer que, nos processos de socialização infantil, quanto mais as crianças interagem, maior é a percepção do interagir com o outro, e mais o "outro generalizado" define-se para elas, como veremos adiante com Mead. A partir daí, as crianças continuam a interagir nesses mesmos processos, não como se passassem por uma ruptura e só então começassem a experienciar uma "socialização secundária". Isso enfatiza o caráter sem fim dos processos de socialização, que se estendem por toda a vida; porém, sem deixar de reconhecer as peculiaridades de cada fase específica desses processos – e sem deixar de lembrar que essas fases devem ser vistas em relação de continuidade umas com as outras. Esses processos não são processos lineares, mas sim um modelo orbital, no qual diversas categorias e esferas de relações estão interagindo concomitantemente.[65]

Desse modo, para compreender as especificidades dos processos de socialização na infância faz-se necessário compreender o modo

---

65 Cf. Corsaro, William. *The sociology of childhood*. Op. cit.

pelo qual as crianças desenvolvem seu *self*, suas identidades individuais, e o papel do "outro" nesses processos.

A relação de referencialidade mútua (ou: as interdependências) de processos de socialização e desenvolvimento do *self*

Mead foi o autor que desenvolveu de forma mais elaborada e pioneira análises a respeito da relevância do "outro" nas interações sociais e para o desenvolvimento do *self*. Dessa forma, apresenta um modelo reflexivo-interativo[66] de desenvolvimento da identidade, no qual demonstra que processos de socialização e individuação são duas dimensões correspondentes, que juntas tornam possível o desenvolvimento da identidade,[67] antecipando a ideia eliaseana, mas de inspiração simmeliana, de que "não há identidade-eu sem identidade-nós".[68]

O trabalho de Mead sobre o desenvolvimento do *self* [69] inspirou uma série de outros autores afinados com perspectivas interacionistas,

---

66 Cf. Hurrelmann, Klaus; Mürmann, Martin; Wissinger, Jochen. "Persönlichkeitsentwicklung al produktive Realitätverarbeitung". Die interaktions –und handlungstheoretische Perspektive in der Sozialistionsforschung". *Op. cit.*

67 Cf. Hurrelmann, Klaus. *Einführung in die Sozialisationstheorie*. Über den Zusammenhang von Sozialstruktur und Persönlichkeit. *Op. cit.*, p. 48-54.

68 Elias, Norbert. *Die Gesellschaft der Individuen*. *Op. cit.*, p. 152.

69 Cf. Mead, George Herbert. *Mind, self and society*. *Op. cit.*

tais como Erving Goffman, Jürgen Habermas e Klaus Hurrelmann.[70] Por isso, ao abordar os conceitos desenvolvidos por Mead, procurarei também relacionar as possíveis variações desses conceitos desenvolvidas posteriormente por esses e outros autores, na medida em que trouxerem contribuições para as questões de meu trabalho.

Segundo Mead, dois elementos são fundamentais para o desenvolvimento do *self*: o "*I*" e o "*me*". O *I* é uma forte qualidade impulsiva e espontânea, o lugar da criatividade, que é freada pelo *me*.[71] Goffman, Habermas e Tillman nomeiam o *I* "identidade pessoal", como aquilo que é único no indivíduo, sua biografia. O *me* é a imagem que eu tenho de como os outros me veem, as expectativas intersubjetivas que ajudam a orientar as minhas ações;[72] funciona como uma instância valorativa para a estruturação dos impulsos espontâneos provenientes do *I*. Quanto mais o ser humano individual se relaciona com outros, mais "*mes*" diferentes adquire, que por sua vez procuram ser sintetizados em uma autoimagem unificada.[73] Para Goffman, Habermas e Tillmann o

---

70 Cf. Hurrelmann, Klaus. *Einführung in die Sozialisationstheorie*. Über den Zusammenhang von Sozialstruktur und Persönlichkeit. *Op. cit.*; Cf. Habermas, Jürgen. "Stichworte zu einer Theorie der Sozialisation". *Op. cit.*; Cf. Goffman, Erving. *Frame analysis*. An essay on the organization of experience. [1974], Boston: University Press, 1986; Cf. Goffman, Erving. *The presentation of self in everyday life*. [1956], Nova York: Anchor Books, 1959.

71 Cf. Joas, Hans. *Praktische Intersubjektivität*. Die Entwicklung des Werkes von G. H. Mead. [1979], Frankfurt am Main: Suhrkamp, 2000.

72 *Ibidem*.

73 Cf. Joas, Hans. "Rollen – und Interaktionstheorien in der Sozialisationsforschung". In: Hurrelmann, Klaus; Ulich, Dieter. *Neues*

me é nomeado "identidade social" (o indivíduo como todos os outros) e é expresso no pertencimento da mesma pessoa a diferentes e muitas vezes incompatíveis grupos de pertencimento. Enquanto o *I* (identidade pessoal) garante uma continuidade do eu frente às diversas condições da história de vida, o *me* (identidade social) permite a unidade dos diferentes sistemas de papéis que precisam ser desempenhados simultaneamente. As duas identidades podem ser descritas como a vivência de uma síntese, que se estende ao longo do tempo e reúne uma variedade de expectativas com relação ao meio social. Isso significa que *identidade individual e mundo social estabelecem uma relação de interdependência e referencialidade mútua.*[74]

Handbuch der Sozializationsforschung. Op. cit., p. 139.

74 Em outros autores a correlação entre processos de socialização e desenvolvimento da identidade na infância também aparece, porém, não de forma tão desenvolvida como em Mead. Vygótsky, por exemplo, mesmo que de um ponto de vista da psicologia, valoriza o caráter coletivo dos processos de socialização infantil e da "internalização da cultura" por parte das crianças. Para demonstrar como ocorrem esses processos de internalização da cultura (reprodução e criatividade), Vygótsky afirma que todas as capacidades cognitivas, afetivas e comunicativas infantis se desenvolvem na comunicação com outras pessoas, e só então são internalizadas, como duas etapas não-concomitantes. Habermas também afirma que os processos de socialização são predecessores da individuação. (Habermas, Jürgen. "Stichworte zu einer Theorie der Sozialisation". *Op. cit.*, p. 120) Baseado em Vygótsky, Corsaro propõe, sem citar Mead e de forma "inovadora", que essas duas etapas devem ser vistas como simultâneas (Corsaro, William. *The sociology of childhood. Op. cit.*).

Dessa forma, o *self* pode ser compreendido como o balanço e/ou a manutenção dessas duas identidades, social e pessoal, o *me* e o *I*.[75] O *self* é uma identidade unificada tendo em vista uma autovaloração e orientações do agir flexíveis,[76] uma estrutura humana específica composta de qualidades, competências do agir e opiniões, mas que é individual na interação e comunicação com coisas e pessoas.[77] Essas "identidades unificadas" individuais, o "meu *self*" e o "*self* dos outros", interagem constantemente, comunicando e ao mesmo tempo interpretando aquilo que foi comunicado pelos outros; portanto, é o *self* que entra em comunicação com "o outro", e não a identidade social ou a identidade pessoal sozinhas.[78]

Nesse sentido, o *self* é um arranjo interindividual que está fundado em "processos de interpretação ativos".[79] Dessarte, o *self* não é

---

75 Cf. Habermas, Jürgen. "Stichworte zu einer Theorie der Sozialisation". *Op. cit.*, p. 131. Enquanto Mead nomeia esses processos construção do *self*, Walter Benjamin (Cf. Benjamin, Walter. *Infância em Berlim por volta de 1900*. *Op. cit.*) pensa esses mesmos processos como a construção de uma imagem de si; outros autores, como Goffman, Habermas ou Tillmann, denominam-nos construção da identidade-do-eu.

76 Cf. Joas, Hans. "Rollen – und Interaktionstheorien in der Sozialisationsforschung". *Op. cit.*, p. 139.

77 Cf. Hurrelmann, Klaus. *Einführung in die Sozialisationstheorie*. "Über den Zusammenhang von Sozialstruktur und Persönlichkeit". *Op. cit.*

78 Cf. Tillmann, Klaus-Jürgen. *Sozialisationstheorien*. Eine Einführung in den Zusammenhang von Gesellschaft, Institution und Subjektwerdung. *Op. cit.*

79 Cf. Hurrelmann, Klaus. *Einführung in die Sozialisationstheorie*. Über den Zusammenhang von Sozialstruktur und Persönlichkeit. *Op. cit.*

algo solitário, solipsista e consciente de si, mas sim uma compreensão intersubjetiva sobre o agir.[80] Cada um dos *selves* é diferente dos outros e, ao mesmo tempo, os *selves* só podem existir em relações claras com outros *selves*: o ser individual possui um *self* apenas em relação com os *selves* dos outros membros de seu grupo social, e a estrutura do seu próprio *self* expressa e também contesta os padrões de conduta gerais desse grupo social ao qual ele pertence, assim como faz a estrutura do *self* de todos os outros indivíduos pertencentes a esse grupo social.

Desse modo, nos processos de socialização infantil, a inserção das crianças no mundo social ocorre por meio da construção de uma identidade (*self*), isto é, cada criança insere-se no mundo ao mesmo tempo em que constrói uma identidade própria, que permitirá essa mesma inserção. Essa identidade é individual exatamente porque está carregada de um certo grau de autonomia em relação ao mundo social, mas ao mesmo tempo só pode ser construída quando inserida nesse mesmo mundo. O *self* deve então ser visto como essa identidade que começa a se tornar perceptível na infância, não apenas como algo estritamente social e externo à criança, mas sim intersubjetivo, como o centro do agir por meio de processos de co-construção, que nas relações intersubjetivas constroem tanto uma série de experiências coletivas, como também deixam espaços vazios para que o centro do agir individual tenha lugar.[81]

---

80 Cf. Krewer, Bernd; Eckensberger, Lutz H. "Selbstentwicklung und kulturelle Identität". In: Hurrelmann, Klaus; Ulich, Dieter. *Neues Handbuch der Sozializationsforschung. Op. cit.*

81 *Ibidem*, p. 576-578.

Para além do desenvolvimento do *self*, encontra-se, como em uma etapa posterior, o desenvolvimento de uma *consciência do self*.[82] Nesse desenvolvimento da percepção do *self*, que ocorre na correlação de duas realidades interdependentes (realidade interna e externa), não há uma determinada meta ou "ponto final" a serem atingidos; o sujeito desenvolve um certo grau de autonomia no seu agir social, autonomia essa que, por sua vez, depende da capacidade de percepção do próprio *self*.[83]

Tanto Mead, como Elias e Habermas, relacionam esses processos de desenvolvimento da identidade (e consciência dessa identidade) ao desenvolvimento da capacidade do ser individual de sair de si mesmo de maneira reflexiva e transformar a si mesmo em objeto.[84] Isso significa que distanciamento e autodistanciamento são fundamentais para as crianças começarem a se perceber como seres individuais, providos de uma identidade individual, conscientes de seu *self* frente ao coletivo.[85] Von Wiese, ao definir o conceito de relação social, que poderíamos aqui substituir por interações sociais, afirma que "[...] uma relação social é uma determinada distância entre

---

82 Cf. Mead, George Herbert. *Mind, self and society. Op. cit.*, p. 163, 165-173.

83 Cf. Hurrelmann, Klaus; Mürmann, Martin; Wissinger, Jochen. "Persönlichkeitsentwicklung al produktive Realitätverarbeitung. Die interaktions – und handlungstheoretische Perspektive in der Sozialistionsforschung". *Op. cit.*, p. 94.

84 Cf. Tillmann, Klaus-Jürgen. *Sozialisationstheorien. Eine Einführung in den Zusammenhang von Gesellschaft, Institution und Subjektwerdung. Op. cit.*

85 Cf. Elias, Norbert. *Die Gesellschaft der Individuen. Op. cit.*

homens [...]" e que "processos sociais, portanto, são mudanças de distância (distanciamentos) [...] significando essa palavra tanto proximidade como também afastamento. Distanciamento não é somente aumento, mas também diminuição da distância".[86] Dessa forma, demonstra que, ao se distanciar dos outros e de si mesma, a criança, ao mesmo tempo, aproxima-se dos outros (na forma de interações, no reconhecer a necessidade do interagir com o outro) e de si mesma (da percepção de sua identidade).

Na infância, ao mesmo tempo em que o *self* se desenvolve, desenvolve-se concomitantemente a ele a percepção do "outro generalizado". O "outro generalizado" funciona como uma maneira de organizar as interações de todos os indivíduos envolvidos nos mesmos processos. É uma espécie de norteador das condutas individuais nos processos de socialização e da própria percepção do *self*. É possibilitando que cada indivíduo seja capaz de "antecipar" a conduta dos outros, isto é, conhecer os outros e os lugares que estes ocupam nas interações sociais – nas palavras de Mead, ser capaz de "assumir" mentalmente o papel do outro[87] – que o outro generalizado organiza as interações e norteia as ações individuais. Isso não significa que indivíduos podem real ou virtualmente "trocar" de lugar com seus parceiros ou que desempenhem papéis de igual peso na hierarquia das relações sociais, como foi fortemente criticado por alguns seguido-

---

86 Wiese, Leopold von. "As quatro categorias fundamentais: processo social, distância, espaço social e configuração social". *Op. cit.*, p. 2.

87 Cf. Popitz, Heinrich. *Wege der Kreativität. Op. cit.*, p. 41.

res posteriores de Mead,[88] mas sim um "compreender" das posições dos outros no interior das interações sociais, e adquirir uma ideia do "todo" social, ou seja, daquele conjunto de relações sociais.

Os processos de socialização são, ao mesmo tempo, pressupostos e resultados das ações e interações dos seres humanos em sociedade e são compostos pelo compêndio de interações de todos os que nela vivem; processos esses que ganham forma na assunção recorrente do papel do outro.[89] O desempenhar papéis e o antever a conduta do outro são interações nas quais participam no mínimo dois agentes e que são regidas por normas que possuem a forma de expectativas complementares.[90] Porém, não é simplesmente o agente do qual se assume o papel (e nem a "comunidade organizada") que propicia um desenvolvimento do *self* nas crianças (como o avanço a um novo patamar social, cognitivo e emocional), mas sim a situação social que resultou dessa interação específica.

O antecipar a conduta do outro não significa necessariamente agir em conformidade a ela, mas também contestá-la, uma capacidade de contestação que não deve ser interpretada como um sinal de instabilidade, mas sim como a representação de todas as varia-

---

88 Cf. Habermas, Jürgen. "Stichworte zu einer Theorie der Sozialisation". *Op. cit.*

89 Cf. Hurrelmann, Klaus. *Einführung in die Sozialisationstheorie. Über den Zusammenhang von Sozialstruktur und Persönlichkeit. Op. cit.*

90 Cf. Habermas, Jürgen. "Stichworte zu einer Theorie der Sozialisation". *Op. cit.*, p. 118-119.

das interações do dia-a-dia;[91] o assumir o papel do outro não é pura e simplesmente uma capacidade cognitiva individual, mas uma capacidade de interação social. As crianças, na sociedade contemporânea ocidental, entram em contato com uma pluralidade de papéis e, ao assumir esses papéis, não apenas os reproduzem, mas aprendem a refletir sobre eles, como um assumir o papel do outro autorreflexivamente, ao mesmo tempo em que formam a sua identidade, o seu *self* (e ao mesmo tempo em que essa identidade possibilita essa reflexibilidade).[92] Portanto, aqui, o assumir o papel do outro possui um caráter específico: "papel" não tem o mesmo significado que para diversas teorias funcionalistas; papel é algo individual e circunstancial, ou seja, processual, e não algo já dado de antemão.[93]

Esses processos de desenvolvimento do *self* implicam o compartilhar com outros os mesmos sistemas simbólicos que permitem a

---

91 Cf. Joas, Hans. "Rollen- und Interaktionstheorien in der Sozialisationsforschung". *Op. cit.*, p. 143.

92 Cf. Habermas, Jürgen. "Stichworte zu einer Theorie der Sozialisation". *Op. cit.*, p. 95; Ottomeyer, Klaus. "Gesellschaftstheorien in der Sozialisationsforschung". In: Hurrelmann, Klaus; Ulich, Dieter. *Neues Handbuch der Sozializationsforschung. Op. cit.*, p. 161. Habermas inspira-se no conceito de *self* de Mead para desenvolver a sua teoria do "agir comunicativo" e da possibilidade de autonomia individual (Habermas, Jürgen. "Paradigmenwechsel bei Mead und Durkheim: Von der Zwecktätigkeit zum kommunikativen Handeln". In: *Theorie des kommunikativen Handelns. Zur Kritik der funktionalistischen Vernunft.* [1981], Band 2, Frankfurt am Main: Suhrkamp, 1988).

93 Cf. Tillmann, Klaus-Jürgen. *Sozialisationstheorien. Eine Einführung in den Zusammenhang von Gesellschaft, Institution und Subjektwerdung. Op. cit.*

comunicação (em certo sentido, uma cultura em comum), assim como o indivíduo deve se confrontar com padrões de relacionamentos e comportamentos vindos dos outros relativamente estáveis, pois só assim é possível interpretar a conduta dos outros, estabelecer uma interação e continuar a ação.[94] Nos processos de desenvolvimento do *self* na infância, as crianças aprendem a se relacionar interativamente porque os que estão à sua volta (adultos ou crianças maiores) "transformam as suas ações (da criança) em interações ".[95] A mãe responde às ações da criança pequena como se elas tivessem um sentido interativo e, dessa forma, estabelece uma "ficção comunicativa". A criança se torna um comunicador porque ela é tratada como tal e, com o desenvolvimento do *self*, o caráter das interações se transforma, isto é, suas ações são percebidas, de fato, como interações e, portanto, como socialização.[96]

Para Mead, "assumir o papel do outro" significa "assumir o mundo no qual os outros já vivem", para a partir daí poder agir nele de forma criativa e ser capaz não apenas de compreender as situações partilhadas, "mas também de defini-las reciprocamente".[97] São processos de interpretação dos significados dos acontecimentos e ações sociais e de reconhecimento dos símbolos e os códigos sociais. Desse modo, as interações sociais ocorrem quando os gestos se transformam em símbolos (isto é, passam a ser percebidos como símbolos),

---

94 *Ibidem.*
95 Cf. Popitz, Heinrich. *Wege der Kreativität. Op. cit.*, p. 36.
96 *Ibidem*, p. 37-38.
97 Berger, Peter; Luckmann, Thomas. *A construção social da realidade. Op. cit.*, p. 174-175.

por meio da internalização de estruturas de sentido, que só podem ser internalizadas por meio de regras que orientam a conduta, que permitem a construção e a interpretação dos símbolos. Os gestos estão presentes em todas as dimensões do agir social – não gestos quaisquer, mas sim gestos dotados de significado (donde a ideia de um interacionismo simbólico, de extração meadana), que são capazes de despertar reações similares ou relativamente estandardizadas em quase todos os membros de determinada sociedade.[98] É somente assim que as interações podem ocorrer.[99]

Dessa forma, o *self*[100] torna-se objeto da inteligência e da consciência humana (*mind*), de sorte que as ações individuais e as interações interindivíduos emergem do complexo jogo entre *me, I, self*

---

98 Cf. Brumlik, Micha. *Der symbolische Interaktionismus und seine pädagogische Bedeutung*. Frankfurt am Main: Fischer, 1973.

99 Mead desenvolve sua teoria sob o nome de "behaviorismo social" – behaviorismo porque se trata de atividades observáveis, por mais que não em sua totalidade; e considera que as interações sociais formam uma estrutura simbólica de ações, para as quais a análise pode se dirigir como que para algo objetivo. (Cf. Habermas, Jürgen. "Paradigmenwechsel bei Mead und Durkheim: von der Zwecktätigkeit zum kommunikativen Handeln". *Op. cit.*, p. 13, 31).

100 Esse modelo meadano de construção do *self* é diferente do de Freud, pois em Freud há uma repressão cultural necessária, enquanto em Mead há uma tensão aberta, na qual as normas sociais entram em tensão com as comunicações estabelecidas entre os atores sociais, sem uma finalidade ou objetivo pré-definido. Mead combina em uma só teoria de comunicação entre indivíduos aspectos da teoria da ação individualista e aspectos de uma teoria da estrutura social. Cf. Joas, Hans. *Praktische Intersubjektivität. Die Entwicklung des Werkes von G. H. Mead. Op. cit.*

e *mind*. Nesse sentido, as crianças passam a perceber a si mesmas como seres dotados de uma consciência reflexiva, que resulta em sujeitos individuais e ao mesmo tempo sociais (socializados). A qualidade que as liberta das determinações do mundo social e material é a *comunicação simbólica*; é ela que permite o assumir o papel do outro e, portanto, desenvolver o próprio *self* e construir o próprio ambiente, no qual as estruturas sociais são o produto da interação e interpretação dos agentes humanos.[101]

Interações entre crianças: uma dimensão específica dos processos de socialização infantil

Como assinalei anteriormente, a dimensão específica dos processos de socialização infantil de que trata este trabalho é o jogo infantil coletivo visto como uma forma de interação singular, uma interação entre crianças. A relevância da abordagem dessa forma particular de interação justifica-se por meio de meu referencial teórico, na medida em que, para Simmel e Elias, "a partir de cada interação singular é possível adentrar na teia do todo. Não há uma via de acesso que seja privilegiada, senão que todas elas levam a ele".[102] Isso significa que a análise do jogo infantil, concebido como uma forma de interação social específica entre crianças, pode contribuir para a compreensão

---

[101] Cf. Hurrelmann, Klaus. *Einführung in die Sozialisationstheorie*. Über den Zusammenhang von Sozialstruktur und Persönlichkeit. *Op. cit.*

[102] Waizbort, Leopoldo. "Elias e Simmel". *Op. cit.*, p. 97.

dos processos de socialização em suas dimensões mais amplas, assim como a análise de outras formas de interação infantil mais recorrentes nas análises sociológicas, tais como as interações no interior da esfera familiar ou da instituição escolar, nas quais se privilegia, o mais das vezes, as interações de crianças e adultos. Além disso, as investigações a respeito do jogo infantil mostram sua importância ao revelar que a própria definição da categoria criança passa, entre outras coisas, pelo jogar – um jogar em grande parte diferente do jogar adulto ou do esportista. "Ela ainda é criança, pois ainda joga".[103]

As crianças interagem umas com as outras não necessariamente porque pertencem a uma mesma geração, mas porque são contemporâneas umas das outras nas formas de interação de que participam. O conceito de pares não diz respeito necessariamente a crianças da mesma idade, mas a crianças que compartilham das mesmas expectativas, interesses e condições sociais – isso poderia explicar, em parte, porque meninas preferem brincar com meninas e meninos com meninos etc.,[104] visto que grande parte das crianças estabelece seus parceiros de interação tendo em conta diferenciações de gênero, pois gênero é uma das bases principais sobre as quais se constroem as identidades individuais.[105]

---

103 Fass, Paula S. (ed.). *Encyclopedia of children and childhood in history and society. Op. cit.*, p. 826.

104 Cf. Krappmann, Lottar. "Sozialisation in der Gruppe der Gleichaltrigen". *Op. cit.*, p. 364.

105 Cf. Berentzen (*apud* Corsaro, William. *The sociology of childhood. Op. cit.*, p. 149).

A maioria das crianças que observei jogava com crianças da mesma classe no recreio porque, muitas vezes, para reconhecer as afinidades entre elas e para posteriormente jogar juntas, precisavam ter uma relação que fosse além do momento do recreio. Mesmo porque, no recreio, onde há tantas crianças juntas, o critério de seleção de quem joga com quem é "quem eu conheço melhor", "com quem tenho coisas em comum" etc. Isso sugere que as crianças, para que comecem a interagir e daí estabeleçam parceiros de interação, precisam participar de uma mesma rotina (no caso, uma mesma rotina escolar).[106]

Ativa nos processos de socialização não é aquela criança que planeja e executa suas atividades isoladamente, mas aquela que as consegue coordenar por meio de processos comunicativos com as atividades dos outros.[107] Esses são processos que ocorrem tanto entre adultos e crianças, como apenas entre crianças e, neste último caso, se os adultos interferem nesses processos, essa co-construção pode não ocorrer. Para uma criança singular, as outras crianças são uma parte específica do "outro generalizado" e, ao interagirem, desempenham um papel único nos processos de socialização infantil. Quando crianças conversam (discutem) sobre determinado tema, ou jogam juntas, elas dispõem do controle desse mundo, dessa cultura – o controle da ação e o controle do saber.[108]

Como veremos no curso da argumentação, o jogo infantil configura-se como uma das especificidades das modalidades de interação

---

106 Cf. Corsaro, William. *The sociology of childhood. Op. cit.*, p. 122.
107 Cf. Weissenborn, Jürgen; Miller, Max. "Sprachliche Sozialisation". *Op. cit.*, p. 531.
108 Cf. Corsaro, William. *The sociology of childhood. Op. cit.*

do período da infância. No jogar coletivo, os processos de socialização ocorrem sempre em relação com "um outro" – perpassados por gestos, movimentos, linguagens verbais e símbolos –, e nesses processos as crianças realizam um duplo movimento: apropriam-se subjetivamente do mundo social ao seu redor e, ao mesmo tempo, identificam-se com certos papéis sociais e agrupamentos específicos desse mesmo mundo, selecionando-os em detrimento de outros, de maneira pessoal e criativa, porém sempre em relação com o meio social que as cerca.[109] Esse duplo movimento permite, ao mesmo tempo, a inserção no mundo e a recriação desse mesmo mundo, assim como o desenvolvimento do *self*.

---

109 Cf. Mead, George Herbert. *Mind, self and society*. Op. cit., p. 149-164.

Jogo infantil coletivo e processos de socialização: uma relação mimética

Uma vez delimitados os conceitos de jogo infantil coletivo e de processos de socialização infantil, resta definir de que maneira o jogo infantil coletivo, visto como uma forma de interação específica, torna-se parte constituinte dos processos de socialização infantil. Isto é, Simmel demonstra como as interações sociais – entre elas o jogo infantil – constituem os processos de socialização; porém, quais são os processos que atuam como mediação de interações sociais e processos de socialização? Ou, mais especificamente, quais são os processos que correlacionam essas duas categorias-chave, jogo infantil coletivo e processos de socialização infantil, e permitem abordar de maneira direta meu problema de investigação?

Os processos miméticos e o jogo infantil coletivo

A mimese, desde sua aparição em Aristóteles,[1] é considerada por muitos autores uma "condição de sobrevivência" do ser humano, visto que se trata de um elemento importante da organização social e

---

1 Cf. Wulf, Christoph (org.). *Vom Menschen*. Handbuch historische Anthropologie. Weinheim und Basel: Beltz, 1997.

fundamento das formações culturais. "Mimese é a força primária das formações culturais, ela é a força produtiva humana por excelência",[2] devendo ser compreendida como a condição fundamental do estar no mundo do ser humano, da produção e reprodução da vida humana. Por conter tantos significados em si, a mimese está presente nas mais diversas dimensões da vida, e não apenas nos domínios da estética, da arte e da literatura, nos quais o conceito usualmente aparece.

> Ela (mimese) é um pressuposto imprescindível da cultura, do social e da educação [...]. Processos miméticos influenciam a relação dos seres humanos com a natureza, com a sociedade e com os outros. Todo encontro entre seres humanos não pode prescindir de suas faculdades miméticas, pois ele não é possível sem essa simpatia, compreensão e intersubjetividade.[3]

Em seu texto *A doutrina das semelhanças*, Walter Benjamin demonstra a importância de atentar não tanto para o registro das semelhanças encontradas e mais para a "reprodução dos processos que engendram tais semelhanças",[4] isto é, para os *processos miméticos*. Afirma que o ser humano detém uma imensa capacidade de produzir semelhanças e que talvez não exista nenhuma função superior humana que não seja codeterminada pela faculdade mimética. Desse modo,

---

2 Metscher, Thomas. *Mimesis*. Bielefeld: Transcript, 2004, p. 14.
3 Cf. Wulf, Christoph (org.). *Vom Menschen*. Handbuch historische Anthropologie. *Op. cit.*, p. 1022.
4 Benjamin, Walter. "A doutrina das semelhanças". *Op. cit.*, p. 108.

a mimese pode ser vista como um conceito importante para pensar o "estar no mundo social" e o interagir nesse mesmo mundo. Dessarte, é sem dúvida enriquecedor mobilizar conceitualmente a mimese na análise das interações infantis e, mais especificamente, na análise das relações entre jogo infantil coletivo e processos de socialização. Gebauer & Wulf, inspirados em Simmel, Elias, Mead, Huisinga, Benjamin, entre outros, desenvolveram, de forma inovadora, uma maneira de abordar o jogo infantil e suas relações com o mundo social por meio da noção de *mimese*.[5] Afirmam que é por meio de processos miméticos que são incorporados nos jogos infantis elementos da dimensão cotidiana e, ao mesmo tempo, esses mesmos processos miméticos intermediam a apropriação de certos elementos dos jogos pela dimensão cotidiana. Desse modo, mimese pode ser compreendida como um amplo espectro de possíveis correspondências entre dois "mundos", ficcionais ou não.[6]

As ações miméticas são constituídas por movimentos corpóreos que incluem as mais diversas formas de interação, comunicação e linguagem (verbais ou não). O jogo infantil coletivo é uma forma de interação social permeada por ações miméticas. Pode-se afirmar que certas ações sociais são miméticas quando se constituem de movimentos que possuem correspondência com outros movimentos, isto

---

5 Em: Goldman, L. R. *Child´s play*: myth, mimesis and make-belive. *Op. cit.*, a mimese também aparece como intermediária entre processos de socialização e jogo infantil, mas não de forma tão desenvolvida como em: Gebauer, Gunter; Wulf, Cristoph. *Spiel, Ritual, Geste. Mimetisches Handeln in der sozialen Welt. Op. cit.*

6 Cf. Gebauer, Gunter; Wulf, Cristoph. *Spiel, Ritual, Geste.* Mimetisches Handeln in der sozialen Welt. *Op. cit.*, p. 16.

é, no caso dos jogos, quando se percebe que os movimentos corpóreos de um determinado jogo podem ser reconhecidos em atividades da vida cotidiana; quando podem ser tratadas como apresentações corporais que possuem um aspecto de representação, o que significa reconhecer que o jogo possui um caráter performático e teatral. Ações miméticas são tanto ações independentes, que podem ser compreendidas em si mesmas, como também possuem correspondências com outros mundos, isto é, os jogos são mundos próprios, mas que não estão isolados do mundo social, e sim inseridos nele; pois o jogar deve ser compreendido como uma série de ações e interações sociais específicas, nas quais as ações de jogo estão relacionadas às ações de não-jogo.[7]

Muitos processos sociais são miméticos[8] e são eles que permitem "o estar no mundo corporeamente", dando forma às interações. Se, como disse, o jogar infantil é uma forma de interação perpassada por processos miméticos, em mesma medida, a mimese é uma dimensão fundamental dos processos de socialização infantil, pois intermedia a apropriação de certos elementos da vida cotidiana e sua transformação em jogo. Essa intermediação envolve transformação; isso significa que a mimese opera não apenas no registro da reprodução dos elementos da vida cotidiana, mas na sua transformação, recriação, recontextualização. E isso faz do jogo e dos processos de socialização atividades criativas.

---

7 Cf. Bateson, Gregory. "About games and being serious".; "A theory of play and fantasy". *Op. cit.*, p. 181.
8 Cf. Gebauer, Gunter; Wulf, Cristoph. *Spiel, Ritual, Geste.* Mimetisches Handeln in der sozialen Welt. *Op. cit.*, p. 7.

Portanto, entre a ordem interna dos jogos e a ordem social há uma relação mimética. Os jogos tomam de empréstimo ações e significados das práticas do dia-a-dia e ressemantizam esses significados e ações. São um "segundo mundo" que se baseia em princípios de ordem do mundo da experiência (um "primeiro mundo") e, desse modo, diversas formas pelas quais a cultura se organiza revelam-se neles. Essas formas de organização não são produzidas no interior dos próprios jogos, mas o ato de jogar toma parte nessa ordem, "empresta" expressões de sentido. "Nas ações miméticas o indivíduo cria seu mundo próprio, mas relacionado com um outro mundo que – na realidade ou na imaginação – já existe."[9] Portanto, os jogos são mundos próprios, mas os seus princípios de organização (estruturas e processos) estão impregnados do social; nesse sentido, gozam de relativa autonomia mas, ao mesmo tempo, por meio de processos miméticos, estão referidos a "outros mundos" para além do mundo do jogo.

Essa articulação, própria dos processos miméticos, de práticas sociais e jogar infantil, engloba várias categorias do agir social: os diversos modos de organização da sociedade e as formas de relação de indivíduo e sociedade, que envolvem a estratificação social, as relações raciais, as relações de gênero, ou seja, as mais diversas variáveis de morfologia social ou ainda, se se quiser, de "estilos de vida". Essas categorias são fundamentais para a construção dos jogos, sem elas os jogos não seriam possíveis. São fundamentais ainda para construir a ideia de parceiros de jogo, ou adversários, e as relações que se estabelecem entre eles. Isso significa que os jogos não são espelhos de nós mesmos ou de um grupo de crianças, mas constituem-se através

---

9 *Ibidem*, p. 7.

de todos esses elementos. Evidente que esses elementos não são universais, mas podem ser considerados culturais, de uma cultura ocidental – pois em outras culturas talvez outros aspectos do agir social obtenham destaque.

A mimese faz com que, assim como a linguagem, o jogo seja um *medium* onde tudo o que nele se expressa se reúne, isto é, o jogo exprime como a sociedade se mantém compacta, pois tudo o que constitui o nosso mundo pode pertencer ou expressar-se de alguma forma no jogo. Os relacionamentos miméticos com outros mundos possuem uma estrutura ambivalente: a mimese social aproxima e torna coeso, mas ao mesmo tempo separa, cria tensões, porque mostra que o mundo do jogo também possui uma vida própria. Por isso, quando falamos em coesão social, não estamos necessariamente pensando na manutenção de uma ordem social préexistente, mas sim que essa ordem social pode ser vista, nos jogos, como uma totalidade articulada, compacta e em processo. Embora todos os elementos constitutivos da dimensão cotidiana possam ser expressos no jogo, nem todos eles são selecionados pelos jogadores, pois a mimese faz do jogo um mecanismo seletivo e, desse modo, ao jogar, as crianças ao mesmo tempo manipulam certos elementos sociais e culturais e estabelecem uma relação individual, portanto seletiva, com esses elementos.[10]

A relevância dos processos miméticos para o caráter criativo do jogar demonstra que essa criatividade deve ser pensada sempre nas relações com "o outro", e não como um acontecimento solitário e solipsista. A criatividade da mimese encontra-se na sua capacidade de estabelecer novas relações com outros mundos, e por meio de suas

---

10 Cf. Brougère, Gilles E. *Brinquedo e cultura. Op. cit.*

características em comum, estabelecer uma "família de mundos" ou um entrelaçamento, uma constelação.[11] Dessa perspectiva, mimese não se confunde com imitação.[12] Os acontecimentos nunca são idênticos, mas semelhantes, "impenetravelmente semelhantes entre si", e é essa semelhança – que não é idêntica porque está continuamente estabelecendo outras e novas relações, porque está a cada vez em outro contexto, recriando-o – que permite o surgimento do novo.[13] "A *mímesis* não é uma adequação – uma *imitatio* – mas um *processo* [grifo meu] que, independente do real, contudo contrai, absorve, deforma as formas como o real historicamente aparece" Mimese é produção da diferença.[14]

Dessa forma, nos processos miméticos, um ato é criativo quando traz à tona algo que não estava lá. Isso não significa que esse algo caia do céu, mas é algo mais do que a mera repetição ou confirmação do que já está dado. O elemento de criatividade nos processos miméticos que permeiam o jogo infantil está intrinsecamente ligado

---

11 Cf. Elias, Norbert. *Was ist Soziologie? Op. cit.*; Cf. Gebauer, Gunter; Wulf, Cristoph. *Spiel, Ritual, Geste*. Mimetisches Handeln in der sozialen Welt. *Op. cit.*, p. 14.

12 Até mesmo o dicionário Aurélio fornece dois significados distintos para o termo mimese, um deles ligado à imitação, e outro proveniente das teorias literárias, nas quais Gebauer & Wulf se inspiram, que o define como "Imitação ou representação do real na arte literária, ou seja, a recriação da realidade"; Cf. Gebauer, Gunter; Wulf, Cristoph. *Mimesis*. Kultur, Kunst, Gesellschaft. *Op. cit.*

13 Cf. Benjamin, Walter. "A doutrina das semelhanças". *Op. cit.*

14 Lima, Luiz Costa. *Mímesis:* desafio ao pensamento. Rio de Janeiro: Civilização brasileira, 2000, p. 398.

às capacidades da imaginação e fantasia no período da infância. A fantasia é um produto específico da capacidade de imaginação, é ela que conduz à criatividade – e possibilita tornar presente o ausente. Dessa forma, no jogo infantil, mimeticamente, os caminhos da fantasia apontam e revelam como as crianças organizam, criam e recriam o seu estar-no-mundo, sendo possível, por meio da fantasia, que as crianças experimentem o quão alta uma torre pode ser, sem precisar subir nela.[15]

Bateson,[16] em sua "teoria do jogo e fantasia", afirma que o jogo é e não é ao mesmo tempo – exatamente por ser jogo possui esse caráter de irrealidade. Isso significa que uma estrutura paradoxal pertence aos princípios constitutivos do jogo. Esse paradoxo funciona no jogo não como um bloqueio de sentido, mas como a instauração de um outro sentido, diferente do mundo social. Isso implica afirmar que, na sua dimensão criativa, o jogo possui também um aspecto ilusório (ilusão pode significar literalmente "em jogo" = in*lude*re).

> A *mímesis* tem uma relação paradoxal com a verdade [...], basta a *mímesis* manter um resto da verdade, guardar alguma semelhança com o que uma sociedade [...] tomava por verdade [...], para, sobre esse resto, criar sua diferença [...].[17]

---

15   *Ibid*em, p. 84-85.
16   Cf. Bateson, Gregory. "About games and being serious"; "A theory of play and fantasy". *Op. cit.*
17   Lima, Luiz Costa. *Mímesis:* desafio ao pensamento. *Op. cit.*, p. 64.

No jogo, por mais que a criança saiba que sua atividade é "irreal", porque não pertence à esfera da vida cotidiana, ela acredita ser, naquele momento limitado pelo tempo e pelo espaço, uma personagem determinada (pessoa, animal ou coisa). Dessarte, os sentidos e as lógicas desenvolvidas no jogo muitas vezes encobrem os significados "originais" dos elementos da dimensão cotidiana incorporados no jogo, mas isso não significa que não seja possível encontrar correspondências entre esses dois mundos, visto que, "mimeticamente interdependentes" em sua constituição;[18] "na mimese, a diferença entre 'realidade' e 'ficção' desaparece".[19]

Desse modo, os processos miméticos são, ao mesmo tempo, processos de diferenciação social, pois se por um lado aproximam os indivíduos, por outro lado, por meio das *repetições modificadas*, criam novos mundos, diferenciados entre si, mas que só podem ser criados quando estabelecem relações de correspondência com outros mundos.[20]

> Ela (mimese) apenas não é moldada pelo princípio da semelhança senão que pelo vetor da diferença, em suas diversas formas (a distorção, a configuração distinta ou oposta, a negatividade etc.). Por mais radicais que sejam as

---

18 Cf. Leontjew, Alexejew N. "Realistik und Phantasie im Spiel". *Op. cit.*, p. 137.
19 Lima, Luiz Costa. *Mímesis*: desafio ao pensamento. *Op. cit.*, p. 64.
20 Cf. Gebauer, Gunter; Wulf, Cristoph. *Spiel, Ritual, Geste*. Mimetisches Handeln in der sozialen Welt. *Op. cit.*, p. 273.

formas de diferença, elas sempre mantêm um resto de semelhança, uma correspondência, não necessariamente com a natureza mas sim com o que tem significado em sociedade, com a maneira como a sociedade concebe a própria natureza [...] A própria diferença só é percebida por alguém que nela encontra ao menos um ponto de semelhança com aquilo de que se distingue o diferente.[21]

Pensar o jogo *em relação* com o mundo social permite, por um lado, explicitar as formas pelas quais essa relação se constitui e os elementos que são "tomados de empréstimo" da vida cotidiana, mas permite também pensá-lo como uma ação "independente", que pode ser analisada em si mesma. É por isso que, para Huizinga, o jogo é visto como uma categoria absolutamente primária da vida, que é reconhecida pelo senso comum como uma forma específica de atividade, uma qualidade de ação bem determinada e distinta da vida comum. Cria-se um outro mundo, que se distingue da vida comum pelos seus limites de duração, de tempo e de espaço. Em certa medida, em virtude desse distanciamento das práticas sociais, o jogo pode ser compreendido por si mesmo. Nele, as práticas sociais são modeladas e remodeladas segundo regras e modos próprios – perpassadas por ações brincantes, jogantes e, portanto, miméticas – que permitem precisamente a sua diferenciação frente ao "mundo".

---

21 Lima, Luiz Costa. *Mímesis:* desafio ao pensamento. *Op. cit.*, p. 56.

No jogo podemos dizer que os processos miméticos congregam diversas dimensões que não devem ser tratadas em separado, pois a mimese remete a uma relação complexa entre imaginação, linguagem e corpo.[22] Os processos miméticos estão no centro do caráter performático do jogar, pois o jogo é uma apresentação, cuja finalidade é a própria performance, o desempenhar "mais uma vez" a "mesma" performance, modificando-a mimeticamente. Perpassados por processos miméticos, apresentar ou representar não podem ser vistos como uma simples reprodução, e sim como a criação de algo novo e próprio, demonstrando a importância em reconhecer igualmente a instrumentalização do corpo e as relações não-instrumentais com o corpo.[23]

Desse modo, enfatizar o caráter mimético de diversas ações e interações sociais significa demonstrar a relevância da criatividade no agir social que, segundo Joas, aparece nos mais diversos autores – Weber, Parsons, Simmel – mas não é valorizada nas leituras usuais que se fazem de suas obras. A dimensão criativa do agir no mundo social deve ser vista não como um resíduo, mas como algo que está sempre presente e que é construído/desenvolvido coletivamente, isto é, sempre em relação com "um outro".[24]

---

22 Cf. Wulf, Christoph (org.). *Vom Menschen*. Handbuch historische Anthropologie. *Op. cit.*, p. 1016 e 1027.

23 Cf. Joas, Hans. *Die Kreativität des Handelns. Op. cit.*, p. 247.

24 O ponto central do livro de Joas é mostrar como, em contraposição aos modelos dominantes da ação (a ação racional e a ação normativa), existe um terceiro modelo, que é o da ação criativa. Isto é, toda a ação humana possui uma dimensão criativa. Essa dimensão criativa não produz uma categoria residual da ação não-criativa, e vice-versa, mas todos os aspectos do agir: criativo, normativo, racional etc., coexistem. O fato do tema

Relações de distanciamento e autodistanciamento no jogo infantil: processos miméticos

Os jogos oferecem a possibilidade de ações onde há espaço para a fantasia e para a expressão individual, por meio das quais é possível estabelecer um certo distanciamento das práticas cotidianas. Huizinga nomeia esses processos de função poética, função de jogo ou função lúdica, que permite a construção de imagens, movimentos e formas de expressão fantasiosos, que ocasionam o jogo; no mesmo sentido, Benjamin discorre a respeito da faculdade mimética.

São os processos miméticos constituintes do jogo infantil que permitem que se estabeleça essa relação de distanciamento (e não de oposição) com a vida cotidiana, e é exatamente esse distanciamento que possibilita o jogar. Os processos miméticos intermediam essa relação, a um só tempo aproximando o jogo dos elementos e estruturas do agir social, na medida em que diversos deles são incorporados no jogar, mas também estabelecendo uma distância que possibilita que o jogo se constitua como um mundo paralelo, um "segundo mundo". Desse modo, a mimese deve ser compreendida como um conceito ambivalente que ao mesmo tempo aproxima (pois é o elo) e distan-

---

da criatividade aparecer em diversos sociólogos clássicos legitima minha questão, ainda que seja Joas quem nomeie de criatividade aqui o que esses autores pesquisaram quando abordaram as diversas dimensões do agir social.

cia (pois permite a existência desse mundo próprio).[25] Muitos dos autores[26] enfatizam essa ideia do jogo como um distanciamento das práticas do dia-a-dia e também como um distanciamento de si mesmo, um autodistanciamento.

Para Huizinga, o distanciamento no jogo expressa-se na ideia de liberdade e de desinteresse. O jogo é uma atividade voluntária, que se realiza por gosto, um fazer que não tem fins materiais. O que Huizinga denomina liberdade significa, nas palavras de Brougère, tomar uma "distância lúdica" dos elementos originais que inspiraram o jogo; Gebauer & Wulf denominam essa mesma liberdade processos miméticos.

Ainda segundo Huizinga, o jogo possui um caráter de irracionalidade, uma vez que suas finalidades operam no nível do inconsciente, e nesse sentido o jogo é desinteressado.

---

25 Cf. Simmel, Georg. *Soziologie*. Untersuchungen über die Formen der Vergesellschaftung. *Op. cit.*; Cf. Waizbort, Leopoldo. *As aventuras de Georg Simmel*. São Paulo: Ed. 34, 2000.

26 Cf. Benjamin, Walter. *Infância em Berlim por volta de 1900. Op. cit.*; Cf. Mead, George Herbert. *Mind, self and society. Op. cit.*; Cf. Huizinga, Johan. *Homo ludens*. O jogo como elemento da cultura. *Op. cit.*; Cf. Brougère, Gilles E. *Brinquedo e companhia. Op. cit.*; Cf. Elias, Norbert. *Was ist Soziologie? Op. cit.*;. Cf. Elias, Norbert. *Die Gesellschaft der Individuen. Op. cit.*; Cf. Wiese, Leopold von. "As quatro categorias fundamentais: processo social, distância, espaço social e configuração social". *Op. cit.*; Cf. Wiese, Leopold von. "Beziehungssoziologie". *Op. cit.*; Cf. Gebauer, Gunter; Wulf, Cristoph. *Spiel, Ritual, Geste*. Mimetisches Handeln in der sozialen Welt. *Op. cit.*; entre outros.

> Visto que não pertence à vida "comum", ele se situa fora do mecanismo de satisfação imediata das necessidades e dos desejos e, pelo contrário, interrompe este mecanismo. Ele se insinua como atividade temporária, que tem uma finalidade autônoma e se realiza tendo em vista uma satisfação que consiste nessa própria realização. É pelo menos assim que, em primeira instância, ele se nos apresenta: como um *intervalo* em nossa vida quotidiana. Todavia, em sua qualidade de distensão regularmente verificada, ele se torna um acompanhamento, um complemento e, em última análise, uma parte integrante da vida em geral ... como função cultural.[27]

Reiterando essa discussão, Sennett acrescenta que, quando Huizinga define o jogo como uma atividade desinteressada, isso está relacionado a uma postura de autodistanciamento, porque estar desinteressado é afastar-se do desejo imediato ou da gratificação instantânea, significa engajar-se em atividades autodistanciadas. Desse modo, ao jogar, por meio de processos miméticos, as crianças distanciam-se não apenas da dimensão cotidiana, mas também de seus desejos imediatos e, em um certo sentido, de si mesmas – o que Benjamin denomina *sair de si*.

---

27 Huizinga, Johan. *Homo ludens*. O jogo como elemento da cultura. *Op. cit.*, p. 11-12.

O jogo infantil coletivo implica um "acordo" entre crianças,[28] que lhes permite criar regras que podem retardar o final do jogo, pois, por ser desinteressado, ele é transcurso, e não finalidade. Mesmo que "ganhar um jogo" seja prazeroso, o autodistanciamento permite que os jogadores possam retardar seu final. Portanto, para jogar coletivamente, todos os jogadores precisam assumir atitudes autodistanciadas.

As regras dos jogos desempenham um papel fundamental para que esse autodistanciamento se realize coletivamente, e para que as regras sejam criadas e respeitadas, os jogadores precisam perceber-se em meio a uma ação coletiva. Ao jogar, as crianças aprendem que o "estar juntas", a ação e comunicação coletivas, depende da elaboração conjunta de regras, que "o jogo cria ordem e é ordem".[29] Como vimos acima, a liberdade no jogo reside no afastamento do mundo cotidiano, e são as regras do jogo que permitem que isso ocorra, pois prolongam o estado de jogo: "os atos específicos do jogo estão todos voltados para o adiamento da vitória, o adiamento do término. Os instrumentos que permitem às crianças concretizar esse adiamento, permanecer em estado de jogo, são as regras."[30]

---

28 Cf. Sennett, Richard. *O declínio do homem público. Op. cit.* O argumento geral de Sennet é bastante conservador se comparado aos outros autores aqui citados: o jogo, no fundo, é visto como contrato social, é uma microrrealização e preparação para a "vida adulta" e para o "mundo real". Ele não reconhece de fato o caráter desinteressado e de finalidade sem fim do jogo, mas traz algumas contribuições pontuais para pensar o seu caráter performático e a sua relação com as regras.

29 Cf. Huizinga, Johan. *Homo ludens. O jogo como elemento da cultura. Op. cit.*

30 Sennett, Richard. *O declínio do homem público. Op. cit.*, p. 388.

Por meio do jogo autodistanciado as crianças se dão conta de que podem trabalhar regras, que elas não são imutáveis, mas sim convenções sob seu controle. Na maioria das vezes, no domínio familiar e escolar, elas aprendem a obediência às regras (dadas de antemão); o jogo, ao contrário, ensina que as regras são maleáveis. As regras dos jogos são produções infantis, e não dados absolutos, e quando as crianças as explicam umas às outras, as compartilham e as constroem juntas, socialializam-nas e socializam-se e, então, as regras e os jogos podem ser repetidos.

As convenções e as regras de um jogo infantil colocam o prazer que as crianças poderiam ter em dominar os outros em estado de suspensão, mesmo que a dominação desempenhe um papel importante nos motivos do jogar, mesmo que a dominação seja desejada do início ao fim. Sendo atos de autodistanciamento, às vezes possuem um potencial de controle das desigualdades de habilidades entre os jogadores; só com essa *igualdade fictícia* é possível prolongar o jogo: o autodistanciamento aparece aqui como condição estruturante para o jogo.

> Uma criança de 4 anos em situações sociais comuns será excluída de muitas coisas que uma criança de 6 anos pode e quer fazer. No jogo, entretanto, ela tem oportunidade de interagir com a outra de igual para igual, e dessa maneira explorar uma espécie de situação social que de outro modo ela não poderia conhecer.[31]

---

31 *Ibidem*, p. 389.

Isto é, desde que a maioria das crianças esteja de acordo em incorporar a criança menor ao jogo, ou que, por falta de jogadores maiores ou outra razão qualquer, a participação da criança menor seja desejada.

Assim, o jogar requer uma certa libertação de si mesmo, uma libertação de uma série de desejos individuais, mas essa libertação só pode ocorrer por meio de regras que estabeleçam uma igualdade de poder inicial "fictícia" e ideal entre os jogadores. Nesse sentido, inventar regras significa inventar padrões que postergam o domínio sobre os outros, a criação de uma comunidade fictícia de poderes comuns.[32]

Ao observar os jogos nos recreios, pude perceber diversas atitudes de distanciamento, desde negociações sobre as "regras" de determinados jogos, tanto no sentido de lembrar ou compartilhar regras preexistentes, como na criação de novas regras para jogos já existentes, ou ainda na criação de novos jogos e portanto de novas regras; tudo isso envolvia claramente atitudes de autodistanciamento. O distanciamento da vida cotidiana e o autodistanciamento, vistos como elementos estruturantes dos jogos coletivos, desdobram-se em uma dimensão e caráter performáticos, estéticos e "de apresentação" dos jogos – o domínio do corpo e o domínio dos objetos com os quais se joga. É ainda por meio do autodistanciamento que as relações com "o outro" no jogar tornam-se fundamentais para os processos de socialização e desenvolvimento do *self* da criança que joga.[33]

---

32 Cf. Sennett, Richard. *O declínio do homem público. Op. cit.*
33 Mead demonstra como mesmo na vida adulta as relações de distanciamento e autodistanciamento também se fazem necessárias na conduta in-

Mimese como mediação de jogo infantil coletivo, processos de socialização e construção do *self*

Como indiquei anteriormente, nos processos de socialização infantil o *self* desenvolve-se por meio das interações que as crianças estabelecem quer com adultos, quer com crianças. O jogo infantil coletivo é uma dessas interações e desempenha um papel fundamental na construção do *self*. Dentre os sociólogos, Mead foi o autor que mais se empenhou em perceber como as relações entre o "eu" e o "outro" no jogar desempenham um importante papel nos processos de socialização, demonstrando como o "jogar é sempre um jogar com"[34] e inspirando grande parte das teorias posteriores sobre o assunto. A concepção de jogo, para Mead, envolve atitudes distanciadas do próprio eu, dos desejos imediatos, e do próprio acontecimento do jogar. São atitudes que se orientam a partir do "outro", de um "outro generalizado".

Segundo Mead, há dois estágios gerais do desenvolvimento do *self*. O jogo infantil está presente em ambos e também pode ser visto como uma ilustração da maneira pela qual ocorrem os amplos processos que envolvem o desenvolvimento do *self* na infância. No

---

dividual frente às interações em um coletivo (Cf. Mead, George Herbert. *Mind, self and society. Op. cit.*, p. 149-164).

34 Cf. Plessner, Helmuth. "Lachen und Weinen. Eine Untersuchung der Grenzen menschlichen Verhaltens". [1941], In: *Ausdruck und menschliche Natur*. Frankfurt/M: Suhrkamp, 2003, p. 286; Cf. Waizbort, Leopoldo. "Elias e Simmel". *Op. cit.*, p. 107.

primeiro desses estágios, o *self* individual é constituído simplesmente pela organização das atitudes particulares de outros indivíduos para com a criança, isto é, a criança parece ainda não perceber plenamente que interage com pessoas em sociedade, e não apenas com pessoas isoladas. A forma de jogar mais recorrente nesse período específico da infância é denominada, por Mead, *play*. Ao jogar o *play*, as crianças reagem aos estímulos imediatos que chegam a elas, mas esses estímulos não estão organizados de forma que, a partir deles, elas possam organizar seu *self* como um todo. Um exemplo desse tipo de jogos são aqueles em que as crianças parecem "jogar consigo mesmas" e desempenham diversos papéis ao mesmo tempo: são simultaneamente mamãe e filhinha, motorista de ônibus e passageira etc., exatamente por ainda não dimensionarem que esses papéis fazem parte de uma rede de interdependências maior.

Já no segundo estágio do desenvolvimento do *self* individual, o *self* é constituído não apenas por uma organização das atitudes particulares individuais dos outros, mas também por uma organização das atitudes sociais do "outro generalizado" ou o grupo social como um todo ao qual a criança pertence. Essas atividades sociais ou grupais são trazidas para o campo individual da experiência direta, e são incluídas na estrutura ou constituição do *self*, da mesma forma que as atitudes do outro particular individual o são. A forma de jogo que corresponde a esse estágio do desenvolvimento do *self* é denominada, por Mead, *game*, uma forma potencialmente coletiva de jogar. O *game* é uma ilustração da situação por meio da qual o *self* emerge e representa uma passagem na vida da criança na qual ela começa a "assumir o papel" de outros no jogo de uma forma organizada, que é essencial para o desenvolvimento do seu *self* e da sua consciência do *self*,³⁵ Ao mesmo tempo, o jogo infantil coletivo (o *game*) é, além de uma ilustração dos processos de construção do *self*, ele próprio fundamental nesses processos.³⁶

Ao jogar o *game*, as crianças assumem um papel dentro desse jogo, mas além disso elas precisam estar prontas para assumir o papel de qualquer outra criança envolvida no mesmo jogo. Isto é, para desempenhar o seu próprio jogo elas precisam saber o que cada um dos outros jogadores pode fazer, a ordem possível dessas realizações e as maneiras como podem ocorrer. Elas precisam conhecer todos esses papéis e variáveis e serem capazes de "assumi-los" mentalmente durante os processos de jogo. Eles não estão todos conscientemente presentes ao mesmo tempo, mas à medida em que o jogo se desenrola eles vão aparecendo como referências para o seu próprio jogar, de sorte que há uma série de reações dos jogadores, de tal maneira organizadas, que a atitude de um desencadeia a atitude apropriada do outro (sem o quê o jogo acabaria). Nesse contexto, os jogadores estão tão empenhados em uma ação comum – o jogo – que esse empenho coletivo promove a continuidade do próprio jogo. E, além disso, essa

---

35 Parece-me que, para Mead, essas duas fases distintas, porém correlacionadas, dos processos de socialização infantil não são delimitadas em faixas etárias específicas (como em Piaget), o que inclusive poderia apontar para a possibilidade de, por um certo período de tempo, elas ocorrerem simultaneamente.

36 Cf. Mccarthy, Dougle; Das, Robin. "The cognitive and emotional significance of play in child development. George Herbert Mead and Donald W. Winnicott". In: Hamilton, Peter. *George H. Mead. Critical assessments*. Londres: Routledge, 1992, vol. 4, p. 239-256.

concentração tão intensa no outro permite às crianças saírem de si[37] e desenvolverem seu *self*.

Os processos miméticos no jogar são o modo pelo qual esse conhecer o papel dos outros jogadores ocorre. A mimese enfatiza a importância do outro nos processos de socialização, nos processos de construção do *self* e no jogar, pois sem relações e interações com os outros não há mimese, e sem mimese não é possível interagir. Para assumir mentalmente o papel dos outros jogadores, cada criança individual precisa sair de si e assemelhar-se aos seus companheiros, para só então conhecer esses papéis e ser capaz de assumi-los. No jogo, ao exercitar esse assemelhar-se aos elementos, pessoas e papéis do mundo social, as crianças desenvolvem a percepção do "outro generalizado", o qual desempenha um papel fundamental para o desenvolvimento do *self* na infância.

O desenvolvimento da percepção do "outro generalizado" no jogo funciona como organização das ações e comunicações de todos aqueles envolvidos nos mesmos processos. Essa organização está instalada na forma das regras do jogo, que são a série de reações que uma atitude particular pode despertar (independentemente de se concretizarem ou não). Essas reações precisam estar, em muitos graus, presentes no próprio fazer/inventar da criança que joga. E, para que isso ocorra, esses diferentes papéis precisam estabelecer e manter relações de reciprocidade uns com os outros; do contrário, não seria possível internalizá-los – o que não impede que haja criatividade, mas define seus limites. Assim, não é apenas o jogador que é ativo, mas também aquele ou aquilo com quem (ou com o quê)

---

37 Cf. Popitz, Heinrich. *Wege der Kreativität*. Op. cit., p. 102.

ele joga. "Jogar não significa apenas 'jogar com alguma coisa'(ou jogar alguma coisa) mas também que 'algo joga com o jogador'",[38] pois quando jogamos estamos confrontados com um outro, e esse outro nos responde.[39]

O jogo é a forma mais simples de ser outro em si mesmo,[40] e isso permite que "o individual experiencie a si mesmo"[41] – indiretamente e não diretamente – por meio do olhar específico dos outros jogadores. Porém, não deve ser compreendido como um reconhecer a si mesmo passivo por meio do olhar do outro, mas traz consigo experiências diferenciadas e contraditórias. O antecipar a conduta do outro não significa agir em conformidade com ela, mas também constestá-la, pois não se trata simplesmente de uma capacidade cognitiva, mas consiste em uma capacidade de *interação social*. "Para a identidade é fundamental que a pessoa reaja sobre si mesma"[42] a construção de uma identidade depende de processos de autopercepção, autovaloração e autorreflexão.[43] O jogo infantil permite, ao mesmo tempo, desenvolver e dife-

---

[38] Plessner, Helmuth. "Lachen und Weinen. Eine Untersuchung der Grenzen menschlichen Verhaltens". *Op. cit.,* p. 117.

[39] Cf. Simmel, Georg. *Soziologie.* Untersuchungen über die Formen der Vergesellschaftung. *Op. cit.*; Popitz, Heinrich. *Wege der Kreativität. Op. cit.*

[40] Cf. Mccarthy, Dougle; Das, Robin. "The cognitive and emotional significance of play in child development" George Herbert Mead and Donald W. Winnicott". *Op. cit.*

[41] Mead, George Herbert. *Mind, self and society. Op. cit.,* p. 80.

[42] *Ibidem*, p. 184.

[43] Cf. Scherr, Albert. "Sozialisation, Person, Individuum". *Op. cit.,* p. 54.

renciar o *self* individual dos outros *selves* e isso representa uma etapa fundamental dos processos de socialização infantil.[44]

Quando as crianças exercitam o assumir a perspectiva do outro, elas veem não apenas o mundo da perspectiva do outro, mas também a si mesmas como parte desse mundo: isso é o desenvolvimento de uma identidade.[45] "Nós precisamos ser outros se queremos ser nós mesmos." "É apenas ao assumir o papel dos outros que somos capazes de nos voltarmos para nós mesmos".[46] A dimensão de fantasia no jogar nos transporta, para além de nós mesmos, a uma outra "realidade", na qual podemos nos conhecer e reconhecer como outros. A categoria "ser outro" faz o ser humano criativo, porque nos faz enxergar o mundo sob a luz de outras possibilidades – o descentramento de si mesmo que, de maneira ambivalente, permite o autoconhecimento/desenvolvimento.[47]

Experienciar a si mesmo por meio do desenvolvimento da percepção do outro generalizado consiste em desenvolver uma reflexividade sobre si mesmo e sobre o seu *self* individual. Quando a criança assume o papel do outro ela é capaz de ver a si mesma a partir desse "outro lugar", ver a si mesma como um "objeto" com um distanciamento que

---

44 Cf. Mccarthy, Dougle; Das, Robin. "The cognitive and emotional significance of play in child development. George Herbert Mead and Donald W. Winnicott". *Op. cit.*

45 Cf. Popitz, Heinrich. *Wege der Kreativität. Op. cit.*, p. 18.

46 Mead, George Herbert. "Pädagogik". In: *Gesammelte Aufsätze.* [1896-1910], Band I. Frankfurt am Main: Suhrkamp, 1980, p. 276, 268.

47 Cf. Popitz, Heinrich. *Wege der Kreativität. Op. cit.*, p. 98-100.

a faz refletir sobre si mesma.[48] A mimese é uma forma de reflexividade, como uma estrutura de analogias, semelhanças e correspondências e é condição para a reflexividade (autorreflexividade) do ser humano.[49] O desenvolvimento do *self* nos processos miméticos do jogar permite às crianças organizar e interpretar suas próprias experiências na vida social. Dessa forma, o jogar funciona como uma objetivação do *self*, isto é, o *self* é tratado como objeto. E, para que o *self* emerja, não apenas a criança deve enxergar a si mesma e ao seu *self* em construção como "objeto", mas também as pessoas e os objetos do mundo social devem ser percebidos como externos à criança.[50]

Além disso, no jogo, as crianças desenvolvem não apenas a capacidade de ver a si mesmas como "objeto" e perceber que os outros e as outras entidades possuem uma existência independente, mas também desenvolvem a habilidade de unir diversas perspectivas na sua própria experiência, que tomam corpo na forma do "outro generalizado". Desse modo, no jogo, experienciam ser o outro e elas mesmas ao mesmo tempo e compreendem essas duas posições como em relação uma com a outra.[51]

---

48 Cf. Mccarthy, Dougle; Das, Robin. "The cognitive and emotional significance of play in child development. George Herbert Mead and Donald W. Winnicott". *Op. cit.*

49 Cf. Metscher, Thomas. *Mimesis. Op. cit.*, p. 14.

50 Cf. Mccarthy, Dougle; Das, Robin. "The cognitive and emotional significance of play in child development. George Herbert Mead and Donald W. Winnicott". *Op. cit.*

51 *Ibidem.*

As relações entre o jogar infantil e os processos de socialização também podem ser compreendidas por meio do conceito simmeleliasiano de figuração, que procura demonstrar como indivíduo e sociedade não são antagônicos e independentes. Um jogo de cartas entre quatro pessoas forma uma figuração; suas ações individuais são independentes, mas mesmo assim, é possível se referir ao jogo como se ele tivesse uma existência própria. A figuração é o padrão processual e mutável criado pelo conjunto dos jogadores jogando (pelas suas ações e intelectos) e forma um entroncamento flexível de tensões – demonstrando como "o comportamento de muitas pessoas separadas enreda-se de modo a formar estruturas entrelaçadas".[52]

As relações de interdependência são constituintes tanto do jogar como dos processos de socialização (tais relações assumem as mais variadas modalidades: cooperação, competição, concorrência etc.).[53] "Reconhece-se o caráter de uma figuração como uma estrutura de jogo, na medida em que possivelmente pode existir uma hierarquia de variadas relações-eu e relações-ele ou de relações-nós e relações-eles [...]".[54] Desse modo, um jogador individual não é mais concreto do que a figuração formada pelo conjunto dos jogadores, no sentido de dar sentido ao jogo. Na figuração há um balanço elástico e mutável de poder, que é uma característica estrutural do processo de cada

---

52 Elias, Norbert. *Was ist Soziologie? Op. cit.*, p. 141-145.
53 Cf. Simmel, Georg. *Soziologie. Untersuchungen über die Formen der Vergesellschaftung. Op. cit.*,; Cf. Wiese, Leopold von. "As quatro categorias fundamentais: processo social, distância, espaço social e configuração social". *Op. cit.*
54 Elias, Norbert. *Was ist Soziologie? Op. cit.*, p. 142.

figuração. Assim, "no entrelaçamento das jogadas de milhares de jogadores interdependentes, nenhum jogador individual ou grupo singular de jogadores, por mais poderosos que sejam, podem sozinhos determinar o decurso do jogo".[55]

Aquilo que se exprime no jogo, exprime-se continuamente na vida social das crianças (e na sua socialização); esses amplos processos vão muito além das suas experiências imediatas e, nesse sentido, o jogo é também um modelo da situação por meio da qual transcorrem os processos de socialização infantil.[56] Tais processos possuem o caráter mimético; as crianças incorporam diversos elementos constitutivos da sociedade (regras, valores, formas de agir e ser, maneiras de pensar etc.) e se tornam membros dela – ou seja: crianças na sociedade e a sociedade nas crianças.

A maneira como esses elementos aparecem no jogo muitas vezes faz mais sentido para as crianças do que a maneira como eles se apresentam em outros âmbitos sociais, porque o jogo exprime uma situação social na qual elas podem entrar completamente, de maneira ativa, diferentemente de diversas outras atividades que são controladas e/ou

---

55 *Ibidem*, p. 161.

56 O fato de o jogo infantil poder ser usado como modelo para pensar as dinâmicas dos processos de socialização aparece em autores como Simmel, Mead ou Elias, que trabalham e "jogam" com os dois conceitos. Tanto crianças como adultos jogam em sociedade, como se o termo jogar tivesse o mesmo sentido de socializar-se. Para Simmel, o "jogo da sociedade" (Gesellschaftspiel) possui duplo sentido: não apenas se joga na (dentro da) sociedade, mas também joga-se a própria sociedade – dado que as dinâmicas sociais, que são a propria sociedade, são, elas mesmas, um jogo (Cf. Simmel, Georg. *Grundfragen der Soziologie. Op. cit.*, p. 59).

dirigidas por adultos e mais direcionadas para a categoria e o mundo adulto, em que as crianças participam apenas parcialmente.[57]

O jogo infantil coletivo traz consigo a experiência de confiar no mundo e a da previsibilidade (sempre relativa) dos acontecimentos sociais, que se desenvolve juntamente com a experiência do interagir ("eu posso realizar algo nesse mesmo mundo") e, portanto, de antecipar a conduta dos outros. Os processos e estruturas do mundo social tornam-se, no jogo, conhecidos, podem ser antecipados.[58] O antecipar a conduta do outro e a previsibilidade de certas ações sociais, tanto nos processos de socialização como no jogo, significam um conhecer mais e melhor a própria cultura – são o que Popitz denomina *repetições modificadas*. Essa expressão é que permite compreender a ambiguidade presente no conceito de mimese e o complexo significado do "assumir o papel do outro" em Mead. Nesse sentido, os processos de socialização, assim como o jogo, ocorrem de forma previsível-imprevisível, por

---

57 No jogar, em seu "fazer como se", as crianças atingem a "zona de desenvolvimento proximal" de Vigóstski, pois expressam conhecimentos sobre situações que estão além daquilo que já viveram como crianças (Cf. Goldman, L. R. *Child´s play*: myth, mimesis and make-belive. Op. cit., p. 5.). Em virtude do fazer-como-se, as crianças vivenciam certos tipos de relações que só poderiam vivenciar muito tempo depois, na vida adulta; no sentido mais amplo do que significaria antecipar a conduta do outro que seria o "antecipar" experiências, como a experiência de ser pai ou mãe, ou de tomar decisões como a escolha do destino de uma viagem ou o exercer uma profissão. E, mesmo quando as crianças assumem, jogando, por exemplo, o papel de mãe, essa experiência abre caminhos para outras descobertas/experiências (Cf. Popitz, Heinrich. *Wege der Kreativität*. Op. cit., p. 92).

58 *Ibidem*, p. 63.

serem permeados por processos miméticos que envolvem recriação daquilo que é incorporado mimeticamente.

Os gestos, nossos e dos outros, são carregados de significados e as crianças aprendem isso ao jogarem assumindo o papel do outro.[59] No ato de jogar coletivamente revela-se muito das relações interindivíduos: os gestos, os concorrentes, os espectadores, os observadores, os parceiros de jogo. Sentimentos, táticas, estratégias, regras, expectativas são sinalizados e simbolizados de forma objetiva no jogo. Possuem um sentido prático e constrói-se um saber prático sobre esses elementos; eles não se reduzem a conceitos abstratos ou generalizações. As coisas e os outros são partes do *eu* e o *eu* é parte deles. Assim, as ações de jogo podem ser vistas analiticamente como mediações de indivíduo e sociedade. Pular, correr, escalar podem ser divertidos, mas, sem uma relação de correspondência com um outro (ou com uma outra coisa que não a si mesmo), eles não são jogos. Todas as formas de jogo são estruturas dialógicas, implicam um diálogo com algo, um *fazer com*.

A mimese é o princípio (ou a faculdade) que faz com que tornemos conhecidas (para nós mesmos) as experiências sociais;[60] são processos que intermediam o desenvolvimento da consciência do *self*. Faz com que identidade individual (*self*), mundo social e mundo do jogo estabeleçam uma relação de interdependência e de referen-

---

59 Cf. Mccarthy, Dougle; Das, Robin. "The cognitive and emotional significance of play in child development. George Herbert Mead and Donald W. Winnicott". *Op. cit.*

60 Cf. Gebauer, Gunter; Wulf, Cristoph. *Spiel, Ritual, Geste*. Mimetisches Handeln in der sozialen Welt. *Op. cit.*, p. 7-21.

cialidade mútua na infância. Ao organizar o *self* como *um todo*, as crianças desenvolvem a percepção da necessidade do interagir, da existência do "outro generalizado" e começam a dimensionar os possíveis significados da vida na sociedade em que existem. Ao jogar coletivamente, as crianças apropriam-se de maneira subjetiva do "espírito" do meio social ao qual pertencem, ao mesmo tempo em que constroem uma identidade em relação a esse mundo social. Esses são processos que se estendem por toda a vida, pois ao atingir o patamar representado pelo *game* torna-se possível a continuidade desses processos de desenvolvimento do *self* na vida adulta.

Análise de duas imagens de Infância em Berlim por volta de 1900, de Walter Benjamin

Diversas "imagens" da infância contidas no escrito de Walter Benjamin, *Infância em Berlim por volta de 1900*,[61] podem ser interpretadas como uma espécie de síntese das maneiras como ocorrem os processos miméticos no jogar infantil e seu papel na constituição do *self* nos processos de socialização. Os textos permitem vislumbrar em profundidade processos miméticos como mediação de jogo infantil e processos de socialização; com isso em vista, analiso duas dessas imagens, "*A Mummerehlen*" e "*O Corcundinha*".[62] Esse

---

61 Cf. Benjamin, Walter. *Infância em Berlim por volta de 1900. Op. cit.*

62 Que se encontram integralmente reproduzidas nos "Anexos" ao final deste trabalho. Para uma melhor compreensão das análises que se se-

procedimento é, entretanto, parcial. Os escritos de Benjamin revelam uma infância com poucos contatos com outras crianças; o seu jogar era "solitário" e o seu interagir realizava-se principalmente com adultos em seus ambientes. Mas podemos notar a presença do "outro generalizado" orientando suas ações e o seu jogar, mesmo quando privado da companhia de outras crianças.[63]

No centro de *Infância em Berlim por volta de 1900* encontra-se a faculdade mimética, que proporciona um caráter muito peculiar ao texto, modelando-o desde a raiz. As imagens presentes nos textos não evocam apenas um passado individual, como na concepção usual de autobiografia, mas são imagens da cultura cotidiana que registram, ao mesmo tempo, traços de uma biografia individual e vestígios de uma história coletiva, imbricadas uma na outra. O sujeito da biografia joga com o oculto, explorando os processos de se encontrar e se perder e, dessa forma, compondo e organizando sua memória. Benjamin concebe sua própria infância como tornar-se semelhante ao mundo circundante, e sua escrita como leitura e decifração, na memória, das correspondências com esse mundo.[64] Nessas imagens, seu eu é constantemente esvaziado, pois assemelha-se o tempo todo com aquilo que está fora dele, e é precisamente esse esvaziamento do eu que torna possível a construção do *self*. Muitas dessas imagens

---

guem, sugiro que os dois textos sobre a infância de Benjamin sejam lidos previamente.

63 A Parte 2 deste trabalho analisa as interações *entre* crianças por meio do jogar, isto é, o caráter propriamente *coletivo* do jogar infantil.

64 Cf. Gebauer, Gunter; Wulf, Cristoph. *Mimesis*. Kultur, Kunst, Gesellschaft. *Op. cit.*

podem ser vistas como *imagens do jogar*,[65] visto que retratam momentos da vida cotidiana de Benjamin quando criança, nos quais diversas atividades, como alimentar-se, passear pela cidade, observar objetos e quadros, ler livros, tirar fotografias, ouvir "conversas de adultos", eram realizadas na forma de brincadeira.

A Mummerehlen

Benjamin, ao rememorar sua infância na forma de imagens, fornece muitos exemplos de como ocorre a busca por sentido, por meio do jogar, para os diversos elementos da dimensão cotidiana, isto é, como ocorrem os processos de socialização infantil. Processos miméticos mediam essa busca. A *Muhme Rehlen* era, originalmente, tema de alguns versinhos entoados para Benjamin quando criança por pessoas adultas. Ele desconhecia o significado dessas palavras e, jogando com palavras e objetos, procurava desvendar seus possíveis significados. Nessa busca de sentido, mimeticamente e na forma de jogo, Benjamin acabava por dotar de novos significados aquilo que lhe era desconhecido, como a *Muhme Rehlen*.

> É numa velha rima infantil que aparece a *Muhme Rehlen*. Como na época Muhme nada significava para mim, essa criatura se tornou em minha fantasia uma assombração: a *Mummerehlen*. Os

---

65 Um olhar do adulto sobre o seu jogar quando criança, como uma forma de rememorar não apenas o seu passado, mas também as maneiras pelas quais as crianças sentem, veem e relacionam-se com o mundo social por meio do jogar.

mal-entendidos modificavam o mundo para mim. De modo bom, porém. Mostravam-me o caminho que conduzia ao seu âmago. Qualquer pretexto lhes convinha.

Assim quis o acaso que, certo dia, se falasse em minha presença a respeito de gravuras de cobre. No dia seguinte, colocando-me sob uma cadeira, estiquei a cabeça – a isso chamei de 'gravura de cobre'. Mesmo tendo desse modo deturpado a mim e às palavras, não fiz senão o que devia para tomar pés na vida. A tempo aprendi a me mascarar nas palavras, que, de fato, eram como nuvens. O dom de reconhecer semelhanças não é mais que um fraco resquício da velha coação de ser e se comportar semelhantemente. Exercia-se em mim por meio de palavras. Não aquelas que me faziam semelhante a modelos de civilidade, mas sim às casas, aos móveis, às roupas.[66]

Em alemão, "gravura de cobre" e "ação de esticar a cabeça" escrevem-se respectivamente *Kupferstich* e *Kopfverstich* e, pela semelhança de som dessas duas palavras, Benjamin fez com que seu significado também fosse semelhante, já que não conhecia o significado de "gravura de cobre" (*Kupferstich*). Ele denominava esses processos miméticos "mal-entendidos", porque não eram entendidos da forma usual. Mal-entendidos que eram capazes de modificar significados de

---

66 Benjamin, Walter. *Infância em Berlim por volta de 1900*. Op. cit., p. 99.

diversos elementos do mundo social, pois faziam com que fossem entendidos de outras formas, criando-se assim um outro mundo, próprio da criança que mobiliza essas semelhanças: o mundo do jogo infantil.

Na infância, em comparação com a vida adulta, a faculdade mimética é executada no jogar exaustivamente. As crianças possuem uma capacidade muito maior do que os adultos de conectar, por semelhanças, imagens a palavras. Mas quando desenvolvem a linguagem e a escrita plenamente, e tornam-se adultas, deixam de lado parte do uso dessa capacidade e a linguagem e a escrita passam a intermediar essa relação entre imagens e palavras. Basta dizer uma palavra para uma criança para ela, por semelhanças, passar a representá-la na forma de uma imagem (seja com o corpo, no jogar, seja desenhando, ou seja apenas na imaginação).[67]

Quem lê com atenção o texto *A Mummerehlen*, percebe que Benjamin escreve essa palavra às vezes com *m* (*Mummerehlen*), às vezes com *h* (*Muhmerehlen*). *Rehlen* provavelmente é um nome próprio. *Muhme* (com *h*) é como aparece na rima original, e significa *tia* em alemão, uma denominação que já a época de Benjamin encontrava-se em desuso. Poderíamos então ler *Tia Rehlen*. Devido ao seu desuso, a criança Benjamin não sabia o que significava *Muhme* (com *h*), e, por semelhança, buscou uma palavra aproximada que lhe fizesse sentido: *Mumme* (com *m*), que é uma palavra utilizada, principalmente por crianças pequenas, para denominar *máscara* em

---

67 Cf. Opitz, Michael. "Ähnlichkeit". In: Opitz, Michael; Wizisla, Erdmut (orgs.). *Benjamins Begriffe*. Frankfurt am Main: Suhrkamp, 2000, p. 28-29, 43-44.

alemão.[68] Então, para Benjamin, *Mummerehlen* significava *Rehlen Mascarada*, ou *Rehlen Fantasiada*. Algo que permanecia incógnito, a cargo de sua imaginação. Ele diz: "O versinho está deturpado; entretanto, cabe nele todo o mundo deturpado da infância. Já não se tinha lembrança da *Muhme Rehlen*, que outrora nele se achava, quando me foi explicado pela primeira vez.".[69]

Quem entoava esses versos para Benjamin não se preocupou (ou não sabia) em explicar o que era a *Muhme*, pois não havia nexo necessário entre aquilo que era lido, cantado, recitado, como um resquício de algo que fizera sentido em tempos passados, e o tempo presente de Benjamin. Só restou o verso. O exemplo da *Mummerehlen* é duplamente bem sucedido, porque por um lado ela aparece como algo incógnito por ser mascarada (o significado da palavra *Mumme*) e, ao mesmo tempo, por seu significado original (*Muhme* = tia) ter sido mascarado, escondido para ele. Coube à criança, assemelhando-se ao mundo circundante, tentar "descobrir" o significado, isto é, criar um significado. Para o Benjamin adulto a *Mummerehlen* tornou-se símbolo de todo esse mundo "deturpado" da infância, como se fosse a representante da criança no seu processo de se encontrar e se perder.

Pensar na busca pela imagem da *Mummerehlen* é pensar também, nos termos de Benjamin, na busca da imagem de si na

---

68 Ver a passagem citada adiante de *A imagem de Proust*, em que os acontecimentos nunca são idênticos, mas semelhantes, "impenetravelmente semelhantes entre si", e neste caso se dá sob a forma de palavras. Essa semelhança jamais é idêntica, pois estabelece outras relações. Ao deslocar contextos, permite o surgimento do novo.

69 Benjamin, Walter. *Infância em Berlim por volta de 1900*. Op. cit., p. 100.

criança, do seu *self*. Ao jogar com os objetos ao seu redor, a criança Benjamin nunca se fazia semelhante à sua própria imagem. Pois o que lhe permitia construir o seu *self* era o ato de esvaziar o próprio "eu", como veremos mais adiante em *O Corcundinha*. Assim como no jogo infantil, em outras atividades o "eu" é esvaziado para dar lugar ao *self*. O sonho é uma delas. A passagem seguinte, contida no texto *A imagem de Proust*,[70] evidencia e trabalha as semelhanças entre o jogar e o sonhar:

> Portas imperceptíveis a ele conduzem [ao sonho]. É nele que se enraíza o esforço frenético de Proust, seu culto apaixonado da semelhança. Os verdadeiros signos em que se descobre o domínio da semelhança não estão onde ele os descobre, de modo sempre desconcertante e inesperado, nas obras, nas fisionomias ou nas maneiras de falar. A semelhança entre dois seres, a que estamos habituados e com que nos confrontamos em estado de vigília, é apenas um reflexo impreciso da semelhança mais profunda que reina no mundo dos sonhos, em que os acontecimentos não são nunca idênticos, mas semelhantes, impenetravelmente semelhantes entre si. As crianças conhecem um indício desse mundo, a meia, que tem a estrutura do mundo dos sonhos, quando está enrolada, na gaveta de roupas, e é ao mesmo

---

70 Cf. Benjamin, Walter. "A imagem de Proust". *Op. cit.*

tempo "bolsa" e "conteúdo". E, assim como as crianças não se cansam de transformar, com um só gesto, a bolsa e o que está dentro dela, numa terceira coisa – a meia –, assim também Proust não se cansava de esvaziar com um só gesto o manequim, o Eu, para evocar sempre de novo o terceiro elemento, a imagem, [...] – a imagem de si, o seu *self*.[71]

A mesma metáfora do manequim aparece em *A Mummerehlen* na figura da mãe, que acompanha Benjamin ao fotógrafo. Ao ser fotografada, a mãe se porta como um manequim e deseja que seu filho também se comporte como tal. Ele, porém, está desfigurado pela semelhança com tudo o que está à sua volta: pelos objetos, fotos de animais, plantas. E é exatamente pelo fato de seu "eu" estar desfigurado pelos objetos à sua volta, que ele é capaz de vislumbrar uma imagem de si. Esse estar desfigurado pelos objetos à sua volta pode ser entendido como um "esvaziar o manequim", por meio de processos miméticos; como o exercer um autodistanciamento que é a faculdade mimética assemelhando-se ao mundo circundante.

As ações miméticas por meio do jogo se dão das mais variadas maneiras, às vezes mesclando certas atividades com o jogar, como pode ser o caso da leitura dos livros infantis. Benjamin, em um texto dedicado especificamente a esse assunto, afirma:

---

[71] *Ibidem.*

Não são as coisas que saltam das páginas em direção à criança que as vai imaginando – a própria criança penetra nas coisas durante o contemplar, como nuvem que se impregna do esplendor colorido desse mundo pictórico. Diante de seu livro ilustrado, a criança coloca em prática a arte dos taoístas consumados: vence a parede ilusória da superfície e, esgueirando-se por entre tecidos e bastidores coloridos, adentra um palco onde vive o conto maravilhoso. *Hoa*, o "aquarelar" chinês, é o mesmo que *kua*, "pendurar": penduram-se cinco cores nas coisas. "Aplicar" cores, diz a língua alemã. Nesse mundo permeável, adornado de cores, em que a cada passo as coisas mudam de lugar, a criança é recebida como participante. Fantasiada com todas as cores que capta lendo e contemplando, a criança se vê em meio a uma mascarada e participa dela. Lendo – pois se encontraram as palavras apropriadas a esse baile de máscaras, palavras que revolteiam confusamente no meio da brincadeira como sonoros flocos de neve. "Príncipe é uma palavra cingida por uma estrela", disse um menino de sete anos. Ao elaborar histórias, as crianças são cenógrafos que não se deixam censurar pelo "sentido" [...] De repente as palavras vestem seus disfarces e num piscar de olhos estão envolvidas em batalhas, cenas de amor e pancadarias. Assim as crianças escrevem, mas assim elas também leem seus textos.[72]

Essa passagem demonstra com sucesso como a faculdade mimética vive e opera no momento da leitura. Primeiro a criança penetra as coisas no momento da contemplação, isto é, se faz semelhante a elas. Fantasia-se com as cores, coisas, mascara-se com elas, e assim pode participar desse baile de máscaras. "Ler" aqui significa pôr em prática o dom de reconhecer semelhanças, de fazer-se semelhante, seja ler a própria escrita, seja ler os desenhos, imagens. Nesse sentido, ler histórias e inventar histórias estão muito próximos, pois ao se fazer semelhante aos elementos contidos em uma história que lê, a criança inventa uma nova história, joga com ela, e se faz nessa história.

As semelhanças com o mundo circundante não precisam estar dadas de antemão para a criança, mas o contrário: as semelhanças são encontradas, imaginadas, fantasiadas no momento do jogar, e é por isso que tudo para a criança pode ser um brinquedo em potencial; um pedaço de pau pode se transformar em uma pessoa, uma pedra transforma-se em uma panelinha, e assim por diante. Ao inventar histórias, as crianças são cenógrafos que não se deixam censurar pelo "sentido" – não se deixam censurar por uma coerência de sentido já preestabelecida e naturalizada pelo mundo adulto. E é por isso que a infância pode ser pensada como tornar-se semelhante ao mundo circundante, porque isso é feito espontânea e criativamente, na forma do jogo.

---

72 Benjamin, Walter. "Visão do livro infantil". *Op. cit.* p. 69-70.

O adulto Benjamin descreve autorreflexivamente o procedimento: "Como um molusco em sua concha, eu vivia no século XIX, que está agora oco diante de mim como uma concha vazia. Levo-a ao ouvido."[73] Benjamin esvaziou essa concha como Proust esvaziou o manequim, o "eu", e, estando ela vazia, leva-a ao ouvido. O zunido que se ouve ao fundo é a imagem que é evocada pelo exercício da faculdade mimética, o que lhe permite escrever sobre sua própria infância na forma de imagens. Não se assemelhando a pessoas, a modelos, ou melhor, "modelos de civilidade", como diz Benjamin, a criança pode se tornar sujeito em seu próprio mundo, e não uma cópia de como os adultos, ou simplesmente "os outros", são e se comportam no "mundo dos adultos."

Já que para Benjamin a *Mummerehlen* passou a significar *Rehlen Mascarada* ou *Rehlen Fantasiada*, e *Rehlen* era um nome próprio designando algo indeterminado (pessoa, objeto, animal, coisa, ser sobrenatural...), coube à criança tentar desmascará-la.

> Seguir o paradeiro da *Mummerehlen* foi, contudo, ainda mais difícil. Ocasionalmente eu a supunha no macaco que nadava no prato fundo em meio aos vapores da sopa de cevadinha ou de tapioca. Tomava a sopa a fim de fazer mais clara sua imagem.[74]

---

73 Benjamin, Walter. *Infância em Berlim por volta de 1900. Op. cit.,* p. 99-100.
74 *Ibidem,* p. 100.

O prato cheio de sopa oculta o que há no fundo. A ideia de esvaziar o prato de sopa para fazer mais clara a imagem da *Mummerehlen*, que talvez nadasse em seu fundo, pode ser comparada à ideia de esvaziar o manequim, a concha, para a imagem se fazer clara. "Talvez morasse no lago *Mummel* [lago legendário na Floresta Negra], cujas águas dormentes talvez aderissem a ela como uma pelerine cinzenta. O que me contaram sobre ela – ou o que só quiseram me contar – não sei."[75] Agora Benjamin tenta descobrir uma vez mais o que é a *Mummerehlen* pela semelhança, tanto na escrita, como no som e também em seu significado, pois o lago *Mummel* é um lago que fica na Floresta Negra, escura, que não deixa ver com clareza. E, caso ela morasse mesmo no lago, suas "águas dormentes talvez aderissem a ela como uma pelerine cinzenta",[76] cobrindo, mascarando, escondendo.

"Ela era o Mudo, o Movediço, o Tormentoso, que, como a nevasca nas bolas de cristal, nubla o núcleo das coisas".[77] Além de ser mascarada, aparece como muda, que não se comunica pela fala. Como movediça, a cada momento aparece em um lugar diferente, e nunca permanece, algo obscuro. Como uma tormenta, uma tempestade violenta, desordem, que se agita o tempo todo, movimenta-se, movediça. Benjamin a compara com a nevasca nas bolas de cristal, nevasca essa que vem de todos os lados, e por isso oculta e nubla, torna invisível a casinha que está no centro da bola. Este é o processo em que se dá o surgimento da imagem, como um relâmpago. Aqui a *Mummerehlen* aparece ao mesmo tempo como a máscara e como a imagem que se esconde por

---

75 *Ibidem.*
76 *Ibidem.*
77 *Ibidem.*

detrás dela. A máscara é parte constituinte da própria *Mummerehlen*. A *Mummerehlen* é, ao mesmo tempo, a nevasca que nubla e o núcleo das coisas que Benjamin tanto quer descobrir.

> Às vezes, sentia-me carregado nesse meio. Isso me ocorria ao pintar com nanquim. Quando misturava as cores, elas me tingiam. Mesmo antes de colocá-las no desenho, me envolviam. Quando, ainda úmidas, se imiscuíam umas às outras, tomava-as no pincel com tanto cuidado como se fossem nuvens se diluindo.[78]

Ele mesmo, sua identidade, sentia-se mascarado, nublado. As cores da tinta eram como nuvens que envolviam, tingiam ele próprio. Mas, ao mesmo tempo em que essas nuvens escondiam e nublavam o núcleo das coisas, isto é, o núcleo dele mesmo, elas o carregavam nesse meio, no meio delas mesmas. Pois há uma grande diferença entre apenas contemplar a nuvem (quando não se vê o que está por detrás dela, aquilo que ela própria está nublando) e ser carregado por ela, no meio dela, ser envolvido por ela, e dessa forma, ficar mais próximo do núcleo das coisas (e de seu *self*), ser capaz de percebê-lo.

A fantasia emerge quando as cores ainda estão úmidas, ainda não se fixaram no tempo e no espaço, e se misturam umas às outras. A fantasia aparece quando a superfície colorida é apenas sugerida; ela não aparece simplesmente da cor inanimada, sem vida,

---

78 *Ibidem*.

fixada. É desse anseio por exercitar a faculdade mimética, que aqui encontra seus limites, que a fantasia emerge.

Esses processos acontecem, o mais das vezes, na forma de jogo. A nuvem que nubla impele a criança a mergulhar dentro dela, a tentar descobrir aquilo que está escondido, fazendo com que a criança crie para si uma imagem das coisas que estão incógnitas, uma história que faça sentido para ela, e é isso que faz com que as crianças adentrem no mundo das coisas, mergulhando em cada objeto, nas tintas e suas cores. Criando essa conexão com os objetos, animais, plantas, ligando-se e assemelhando-se a eles, as crianças criam e inserem-se no mundo: socializam-se. Mergulham na nuvem, são levadas por ela, e chegam mais perto do núcleo das coisas. Tornam-se capazes de formar uma *imagem de si*, de serem elas mesmas, sujeitos; não são reduzidas a um manequim.

> Mas, de tudo o que reproduzia, minha preferência era a porcelana chinesa. Uma crosta multicor cobria cada vaso, vasilhame, prato, tigela, que certamente não passavam de artigos de exportação baratos. Porém, cativavam-me tanto como se, já naquela época, eu conhecesse a história que, mais uma vez, depois de muitos anos, me remeteu à obra da Mummerehlen. A história provém da China e fala de um pintor idoso que permitiu aos amigos admirarem sua tela mais recente. Nela estava representado um parque, um caminho estreito que seguia ao longo da água e através de umas folhagens e que terminava em frente de uma pequena porta que,

> no fundo, dava acesso a uma casinha. Eis que quando os amigos procuraram o pintor, este já se fora, tendo penetrado no próprio quadro. Ali percorreu o caminho estreito até a porta, deteve-se calmamente diante dela, virou-se, sorriu e desapareceu pela fresta. Assim também, com minhas tigelas e meus pincéis, subitamente me transportava para dentro do quadro. Assemelhava-me à porcelana na qual fazia minha entrada com uma nuvem de cores.[79]

O pintor chinês não contemplou apenas seu quadro, mas adentrou nele, assim como a ideia do entrar na nuvem e não apenas contemplá-la. Benjamin, assemelhando-se aos objetos, mergulhando neles, abriu uma entrada para seu próprio quadro, isto é, uma entrada que permite construir uma imagem de si, como no primeiro parágrafo da *Mummerehlen*: "Os mal-entendidos modificavam o mundo para mim. De modo bom, porém. Mostravam-me o caminho que conduzia ao seu âmago." A ideia que perpassa todo o texto é a de que foi aberta uma entrada que conduz a um caminho e que esse caminho conduz a uma imagem. E não de que é aberta uma entrada que conduz diretamente à imagem. É dada a possibilidade de seguir esse caminho que a entrada indica, mas o seguir esse caminho rumo à imagem é somente uma possibilidade. E é uma possibilidade no instante de um relampejar. A construção do *self* implica percorrer esse caminho, o caminho do jogar e dos processos miméticos.

---

79 *Ibidem*, p. 100-101.

Na leitura de Gebauer & Wulf,[80] a *Mummerehlen* aparece como caminho que liga a imagem à "realidade", na união mimética do pintor e seu quadro, sendo uma mediação de espaço real e espaço do quadro. É uma imagem para a relação mimética dos seres humanos com o mundo; demonstra como ocorrem os processos de socialização por meio do jogar. Poderíamos então dizer que a *Mummerehlen* (que a meu ver simboliza o próprio jogar) aparece como caminho que liga a construção do *self* (a imagem de si) aos processos de socialização (ao mundo social, à "realidade").

O espaço do "real" e o espaço do quadro tornam-se um único espaço (indiferenciado, espaço de imaginação, criatividade, ação e realidade) na infância; a criança assemelha-se às coisas de tal modo que estas se tornam uma parte da criança.

Também as coisas podem se tornar semelhantes às crianças, sempre como jogo. Na imagem *Caçando borboletas,* Benjamin assinala essa possibilidade:

> Quanto mais me achegava com todas as fibras ao inseto, quanto mais assumia intimamente a essência da borboleta, tanto mais ela adotava em toda ação o matiz da decisão humana, e, por fim, era como se sua captura fosse o único preço pelo qual minha condição de homem pudesse ser reavida.[81]

---

80 Cf. Gebauer, Gunter; Wulf, Cristoph. *Mimesis. Kultur, Kunst, Gesellschaft. Op. cit.*

81 Cf. Benjamin, Walter. *Infância em Berlim por volta de 1900. Op. cit.*, p. 81.

Nota-se aqui uma ampliação das possibilidades tanto da criança como do animal. Porém, o aprisionamento da borboleta permite assegurar o limite entre a criança e o animal. O domínio do objeto permite a construção do mundo da criança.

Para Benjamin, a percepção do semelhante ocorre em um relampejar, estando vinculada a uma dimensão temporal. "Ela perpassa, veloz, e, embora talvez possa ser recuperada, não pode ser fixada, ao contrário de outras percepções".[82] Como no caso das tintas tomadas no pincel, que, em instantes, eram como nuvens que já se diluíam; e como o próprio jogar, que se realiza em uma temporalidade própria, e depois que acaba não deixa nada "concreto" atrás de si.[83]

O programa infantil "Castelo Rá-Tim-Bum", de Cao Hamburger, fornece uma ilustração interessante desse aspecto da temporalidade própria do jogar, mais uma vez permitindo explorar as semelhanças entre "mundo do jogo" e "mundo dos sonhos". Em certo episódio, tio Vítor, uma espécie de mágico, inventa uma máquina fotográfica que é capaz de fotografar os sonhos (desejos) das pessoas. Após tirar uma fotografia instantânea em que os sonhos de todos os personagens aparecem na imagem da fotografia, seu sobrinho Nino, muito contente, comenta que esse retrato deve ser colocado em uma bela moldura. Mas tio Vítor o desaponta dizendo que isso não será possí-

---

82 Benjamin, Walter. "A doutrina das semelhanças". *Op. cit.*, p. 110.

83 Talvez seja por isso que parecia ser tão difícil para as crianças que observei jogando no recreio falar sobre seu próprio jogar e seus possíveis significados. Muitas delas sugeriam que eu apenas observasse os jogos ou jogasse junto ao invés de indagar sobre o jogar após o seu término.

vel. Nino pergunta: "Por que?" E tio Vítor responde: "Porque é muito difícil guardar a imagem de um sonho."

O Corcundinha

> Quando à adega vou descer/Para um pouco de vinho apanhar/Eis que encontro um corcundinha/Que a jarra me quer tomar.
> Quando a sopinha quero tomar/É à cozinha que vou/Lá encontro um Corcundinha/Que minha tigela quebrou.
> Quando ao meu quartinho vou/Meu mingauzinho provar/Lá descubro o corcundinha/Que metade quer tomar.
> Por favor, eu te peço, criancinha/Que reze também pelo corcundinha.[84]

O Corcundinha é um personagem recorrente em fábulas, contos, poemas e canções infantis da infância benjaminiana. Mas, assim como a *Mummerehlen*, seus significados extrapolam as margens das páginas dos livros infantis. Para o adulto que rememora sua infância, o Corcundinha é apresentado como o autor das imagens da lembrança,[85] podendo ser considerado também "o representante privilegiado da inabilidade, do fracasso e do esquecimento, ou, ainda,

---

84 Benjamin, Walter. *Infância em Berlim por volta de 1900*. Op. cit., p. 142.
85 Cf. Stüssi, Anna. *Erinnerung an die Zukunft*. Walter Benjamins "Berliner Kindheit um Neunzehnhundert." Göttingen: Vandenhoeck & Ruprecht, 1977.

de tudo o que escapa à soberania do sujeito consciente".[86] Já para o Benjamin criança, o Corcundinha desempenha um papel fundamental em seus processos de socialização, mostrando-se um tema recorrente do seu jogar presente nas suas diversas atividades cotidianas. O Corcundinha simboliza o esvaziamento do "eu", as relações de autodistanciamento que ocorrem mimeticamente por meio do jogar na infância; ele representa a possibilidade de ser sujeito e, portanto, do desenvolvimento do *self*.[87]

Sempre que Benjamin, ao jogar, se distanciava de seu "eu", deparava-se, assim como o pintor chinês dentro de seu quadro, com a porta que conduz à possibilidade do reconhecimento de uma imagem de si, o caminho que conduz ao âmago de seu *self*. "Aquele que é olhado pelo Corcundinha não sabe prestar atenção. Nem a si mesmo nem ao Corcundinha".[88] Isto é, aquele que é olhado pelo Corcundinha distancia-se de seu eu. "Encontra-se sobressaltado em frente a uma pilha de cacos: Quando a sopinha quero tomar/É à cozinha que vou/Lá encontro um Corcundinha/Que minha tigela quebrou.'"[89] A pilha de cacos da tigela quebrada pelo Corcundinha pode ser compreendida

---

86 Gagnebin, Jeanne Marie. "A criança no limiar do labirinto". In: *História e narração em W. Benjamin*. São Paulo: Perspectiva, 1994, p. 94.

87 A imagem *O Corcundinha* é usualmente interpretada do ponto de vista do Benjamin adulto rememorando sua infância, como em Stüssi (Cf. Stüssi, Anna. *Erinnerung an die Zukunft*. Walter Benjamins "Berliner Kindheit um Neunzehnhundert *Op. cit.*"). À diferença desse enfoque, proponho que *O Corcundinha* seja analisado tendo em vista seus significados na construção do *self* na infância, e não na vida adulta.

88 Benjamin, Walter. *Infância em Berlim por volta de 1900. Op. cit.*, p. 142.

89 *Ibidem*.

como o conjunto das imagens que aparecem no texto *Infância em Berlim*...: são instantes da infância, capturados, são "uma série finita de imagens exemplares, mônadas (para usarmos um dos seus conceitos preferidos) privilegiadas que retêm a extensão do tempo na intensidade de uma vibração, de um relâmpago, do Kairos".[90] São as imagens que, vistas como um todo, representam o *self* que é formado na infância.[91]

Assim como o Benjamin criança encontrava-se frequentemente distanciado de si, assemelhando-se aos objetos, pessoas e animais ao seu redor, podemos pensar no Corcundinha e na *Mummerehlen* como sendo representantes desse "estar fora de si". Onde quer que o Corcundinha estivesse, o "eu" não estava, o Corcundinha estava sempre à frente do "eu". Do mesmo modo como o jogar sempre acompanha a criança, o Corcundinha o acompanhava também, tomando parte nesse jogar.

> Onde quer que ele aparecesse, eu ficava a ver navios. [onde quer que ele aparecesse, o "eu" esvaziava-se] Pois as coisas se subtraíam até que, depois de anos, o jardim se transformasse

---

90 Gagnebin, Jeanne Marie. "A criança no limiar do labirinto". *Op. cit.*, p. 91.

91 Para o Benjamin adulto, ao rememorar sua infância, o Corcundinha, que foi quem quebrou a tigela, é o representante "do fracasso e do esquecimento"; mas, ao mesmo tempo, é quem apresenta a Benjamin os cacos, as imagens, pois ele é também "o autor das imagens da lembrança". Assim como em *A Mummerehlen*, aqui também aparece a imagem do prato de sopa, que, quando escavado, revela por um instante o que está no fundo, para logo a seguir ser coberto novamente pela sopa.

num jardinete, o quarto num quartinho, o banco numa banqueta. Encolhiam-se, e era como se crescesse nelas uma corcova que, por muito tempo, as deixava incorporadas ao mundo do homenzinho. Andava sempre à minha frente em toda parte. Solícito, colocava-se no caminho. Fora isso, nada me fazia, esse procurador cinzento, senão recolher a meias de qualquer coisa que eu tocasse o esquecimento. "Quando ao meu quartinho vou/Meu mingauzinho provar/Lá descubro o Corcundinha/Que metade quer tomar". Assim encontrava o homenzinho frequentemente. Só que nunca o vi. Só ele me via. E tanto mais nítido quanto menos eu me via a mim mesmo.[92]

Nem a *Mummerehlen*, nem o Corcundinha eram vistos pela criança, como revela uma passagem da última versão de *A Mummerehlen* (que não foi traduzida para o português): "Ela mesma não me confidenciava nada. Talvez ela quase não tivesse voz. Seu olhar repousa nos flocos indecisos da primeira neve. Tivesse esse olhar me encontrado uma única vez, e toda minha vida teria sido consolada."[93] Já o Corcundinha encontrava-se nos porões, nos subterrâneos, nas ade-

---

92 Benjamin, Walter. *Infância em Berlim por volta de 1900. Op. cit.*, p. 142.
93 Benjamin, Walter. *Gesamelte Schrifften*. [1938], Bd. VII 1, Frankfurt am Main: Suhrkamp, 1989.

gas e observava o Benjamin criança por entre as frestas, aberturas, ou então nos sonhos noturnos.[94]

Benjamin afirma encontrar amiúde o Corcundinha, mas nunca o ter visto, pois, assim como a *Mummerehlen*, ele o encontrava no jogar, no jogar com as rimas, no mundo da fantasia infantil que permeava os passeios pela cidade de Berlim, ao observar os porões, ao comer o mingau. Atividades corriqueiras e cotidianas, mas que, na infância, eram executadas na forma de jogo. Ele os "encontrava" no jogar, mas não os "via", pois o sentido do jogo era exatamente esse, ser visto e não ver; pois aqueles que veem encontram-se mascarados, obscuros, ocultos. O que Benjamin encontrava eram os vestígios da passagem do Corcundinha e da *Mummerehlen*: os cacos de vidro, os flocos de neve, as tintas, as nuvens e, sobretudo, os olhares, olhos que o observavam mas que nunca encontravam o seu olhar.

Entretanto, o Corcundinha e a *Mummerehlen* não devem ser considerados apenas seres fantásticos. São representantes do mundo "deturpado" da infância, e são também os autores das imagens da lembrança. Representam a imagem do *self* que surge toda vez que o "eu" é esvaziado. Esse "eu" que é esvaziado (o "eu" manequim) nunca pode ver esse *self* que emerge, pois é exatamente esse sair de si que permite o seu surgimento. O *self* que emerge no jogar situa-se em uma temporalidade singular, que não está nem no passado, nem no

---

94 Aqui aparece novamente uma referência às semelhanças entre "mundo do jogo" e "mundo dos sonhos". "A meu ver, o mundo que de dia povoava essas janelas não era rigorosamente distinto daquele que à noite se punha à espreita para me assaltar em sonhos." (Benjamin, Walter. *Infância em Berlim por volta de 1900. Op. cit.*, p. 142).

presente. E é capaz de olhar para o passado não tal como ele realmente foi, e para o presente não tal como ele realmente é, mas ele olha o passado e o presente dessa perspectiva temporal distinta. E é essa temporalidade singular que permite olhar o passado na forma de imagens, e captar, em um instante, a imagem de si.

Para o Benjamin adulto, o Corcundinha pode ser considerado uma ponte do mundo adulto com o mundo da criança, e a própria imagem do Corcundinha o revela. Um homem adulto, só que no tamanho de uma criança. Ele é os olhos da pessoa que vê sua própria infância, por meio de imagens, não como nas autobiografias usuais, voluntariamente em busca da memória, mas de forma "espontânea", evocando o jogar. E a corcova que o achata representa todo o peso das imagens da infância. O Corcundinha subtrai à criança as suas experiências inconscientes e as retém, e dessa forma prepara o rememorar.

E assim termina *O Corcundinha*:

> Penso que isso de "toda vida", que dizem passar diante dos olhos do moribundo, se compõe de tais imagens que tem de nós o homenzinho. Passam a jato como as folhas dos livrinhos de encadernação rija, precursores de nossos cinematógrafos. Com um leve pressionar, o polegar se movia ao longo da superfície de corte; então se via imagens que duravam segundos e que mal se distinguiam umas das outras. Em seu decurso fugaz deixavam entrever o boxeador em ação e o nadador lutando contra as ondas. O homenzinho tem também imagens de mim. Viu-me nos esconderijos, de fronte da jaula da

lontra, na manhã de inverno, junto ao telefone no corredor, no Brauhausberg com as borboletas e em minha pista de patinação com a música da charanga, em frente da caixa de costura e debruçado sob minha gaveta, na Blumeshof e quando estava doente e acamado, em Glienicke e na estação ferroviária. Contudo, sua voz, que faz lembrar o zumbido da chama de gás, me cochicha para além do limiar do século: "Por favor, eu te peço, criancinha/Que reze também pelo Corcundinha.".[95]

Esse "eu" esvaziado passou a conter as imagens, como cacos, fragmentos embaralhados e imiscuídos uns nos outros, que apareciam e desapareciam com a rapidez de um relâmpago. Imagens que falavam baixinho, como o zumbido da concha vazia que vem lá de longe, e que dão as pistas de um caminho que conduz à possibilidade de ser um sujeito e de se colocar no mundo de forma singular. Possibilidade essa que aparece tão clara na infância, no jogar, com o exercício da faculdade mimética. Os objetos, pessoas, animais e demais elementos do mundo social olham de volta para a criança, como em um círculo traçado pelos processos miméticos, e então a criança pode desenvolver seu *self* e sua *consciência do self*; são as *semelhanças* que permitem a familiaridade com o mundo e sua inserção nele, sua socialização.[96]

---

95 *Ibidem*, p. 142.
96 Cf. Gebauer, Gunter; Wulf, Cristoph. *Spiel, Ritual, Geste*. Mimetisches Handeln in der sozialen Welt. *Op. cit.*, p. 7-21.

As análises das duas imagens do rememorar da infância de Benjamin demonstram que, nos processos de socialização infantil, as crianças descobrem paulatinamente os significados sociais dos elementos ao seu redor. Em um primeiro momento, muitos objetos/personagens da vida cotidiana não possuem um sentido para elas. Cabe às crianças, *assemelhando-se* ao mundo circundante, na forma de jogo, procurar "descobrir" esses significados, isto é, criar significados. Os processos de socialização são constituídos por essas descobertas, nas quais os objetos e pessoas do mundo social adquirem sentido. Pensar na busca desses sentidos é pensar também na busca da *imagem de si* nas crianças, a busca de uma identidade que tome parte nesse mundo social, o desenvolvimento de um *self* individual. No jogo, o "eu" infantil é constantemente esvaziado, ao se assemelhar o tempo todo àquilo que está fora dele; pois o que permite à criança construir o seu *self* é o ato de esvaziar o próprio "eu", por meio do jogar como distanciamento. O assemelhar-se ao mundo circundante de Benjamin, isto é, o exercício da faculdade mimética na infância, corresponderia, nesse sentido, ao assumir o papel do outro de Mead, fundamentais para o desenvolvimento do *self* por meio do jogar.

As ações de jogo são ações que fortalecem o indivíduo enquanto ser autônomo e ao mesmo tempo fortalecem suas relações com a sociedade e com os outros indivíduos (nesse sentido, criam a sociedade, socializam). Nessas ações sociais específicas, o "outro" representa um papel fundamental – ele funciona como um espelho de nós mesmos, mas também, ao mesmo tempo, cria um saber da diferença –, é aquilo que é próprio e aquilo que é estranho (o eu e o outro).[97] O princípio do jogo não é a redução a um singular; com efeito, ao invés de observar o jogo da perspectiva do indivíduo (seus desenvolvimentos cognitivos individuais), devemos, de uma perspectiva sociológica, observá-lo como uma forma específica de processo que, em um mundo mimeticamente produzido, correlaciona indivíduo e processos de socialização. Desse ponto de vista, o jogo, como uma ação mimética, apresenta-se como uma esfera intermediária entre realidade interna e externa,[98] realidades que não devem ser tratadas como se estivessem separadas, mas em relação constante e interdependente. As ações de jogo são aquelas que não se sujeitam à separação entre sonho e vida, entre realidade interna e externa".[99] O jogo "vira o indivíduo para fora de si",[100] pois o jogador recebe o acontecimento não apenas dentro de si mesmo,[101] mas é um acontecimento corpóreo entre os seres humanos.[102]

A mimese permite que as crianças, ao jogarem coletivamente, não apenas construam o seu próprio mundo de jogo de maneira criativa, mas também contribuam de forma criativa para o mundo social. Em meio a processos miméticos, ao jogar, elas agem ao mesmo tempo criativamente nesses dois mundos. Desse modo, os processos mi-

---

97 Cf. Gebauer, Gunter; Wulf, Cristoph. *Spiel, Ritual, Geste*. Mimetisches Handeln in der sozialen Welt. *Op. cit.*, p. 18.

98 Cf. Winnicott, Donald W. *Playing and reality*. *Op. cit.*

99 Joas, Hans. *Die Kreativität des Handelns*. *Op. cit.*, p. 244.

100 Benjamin, Walter. *Infância em Berlim por volta de 1900*. *Op. cit.*

101 Cf. Winnicott, Donald W. *Playing And Reality*. *Op. cit.*

102 Cf. Gebauer, Gunter; Wulf, Cristoph. *Spiel, Ritual, Geste*. Mimetisches Handeln in der sozialen Welt. *Op. cit.*, p. 18.

méticos no jogo infantil perpassam tanto a apropriação de elementos do mundo adulto, como a transformação desses elementos em jogo e a contribuição desses elementos ressemantizados pelo jogo para o mundo e cultura "adultos".[103] "Rua de mão dupla, a *mímesis* não só tira do mundo mas lhe entrega algo que ele não tinha".[104]

Assim como o jogar é permeado por processos miméticos, os processos de socialização também o são, e é por isso que "socialização pode ser entendida como uma série de processos abertos em todas as idades e no que concerne os seus resultados, por meio dos quais os indivíduos formam 'tensões ativas' com o seu ambiente";[105] essas tensões ativas são os próprios processos miméticos em ação. Dessa forma, os processos miméticos estão presentes tanto no jogo, incorporando mimeticamente elementos do mundo social, como no indivíduo, que ao se socializar incorpora mimeticamente elementos do mundo social, assim como o mundo social incorpora por sua vez elementos do ser individual e elementos do jogo em suas dinâmicas próprias. Todas essas três dimensões estão correlacionadas: *self* individual, jogo e mundo social (sociedade ou, simplesmente, processos de socialização) e o que as correlaciona são os processos miméticos. Desse modo, as crianças tornam-se, no jogo, parte de um todo maior, uma complexa rede de relações e interdependências, e é assim que elas, ao mesmo tempo, constroem suas identidades, o seu *self* individual.

---

103 Cf. Corsaro, William. *The sociology of childhood. Op. cit.*
104 Lima, Luiz Costa. *Mímesis:* desafio ao pensamento. *Op. cit.*, p. 328.
105 Cf. Liegle, Ludwig. "Kulturvergleichende Ansätze in der Sozialisationsforschung. *Op. cit.*, p. 215.

Parte 2
Análise de jogos infantis
observados no recreio escolar

Observações e procedimentos de pesquisa

Ao longo do ano de 2004 realizei cerca de 50 horas de observação do recreio escolar de uma turma de segunda série do Ensino Fundamental em uma escola pública municipal, localizada no bairro do Butantã. Optei por observar o jogar apenas no período do recreio como forma de delimitar meu objeto de pesquisa, e já que minha análise repousa no jogar infantil (e não nas atividades dos professores, inspetores e outros funcionários da escola), tanto as observações como as entrevistas foram realizadas a princípio somente com crianças.[1]

Em minhas observações do jogar no recreio procurei desvendar os significados existentes nos atos, movimentos, falas, emissões de ruídos, expressões faciais das crianças no seu jogar, visto que esses elementos possuem um significado fundamental para a pesquisa – tal como Brougère desenvolveu em suas investigações e Gebauer & Wulf propuseram fundamentar teoricamente. Durante as observações utili-

---

1 É claro que ocorreram algumas raras interferências de outras pessoas nesse jogar, que foram levadas em conta dentro desse contexto. Porém, percebi que muitos dos trabalhos que propõem colocar as crianças no centro de suas pesquisa e dar-lhes voz, muitas vezes caem em uma armadilha, pois os discursos adultos parecem "de mais fácil compreensão", ou aparentam "dizer mais"; são, na hora da análise dos dados, mais valorizados que os discursos das crianças.

zei como material de registro um caderno de anotações e esporadicamente registros fotográficos. Nesse momento minha atenção voltou-se para os tipos de jogos, os brinquedos, os tempos dos jogos, quem jogava com o quê, quando, em quais circunstâncias, como eram ocupados os espaços, quais as diversas configurações dos grupos que jogavam, se estavam agrupados segundo uma distinção de gênero etc. Minha participação ou intervenção nesses momentos pretendia ser mínima, pois não desejava fazer aquilo que se chama observação/pesquisa participante; porém, como demonstram os capítulos subsequentes, fui solicitada pelas crianças muito mais do que esperava.

Concomitantemente a esse trabalho de observação, realizei entrevistas com as crianças durante o período do recreio de forma a colher informações adicionais sobre o seu próprio jogar, que possibilitaram confrontos com minhas observações e anotações. Depois de algum tempo em campo me dei conta das configurações dos grupos de crianças que costumavam jogar juntas com frequência (percebendo também suas variações) e efetuei as entrevistas com cada um dos grupos, sendo que algumas crianças preferiram ser entrevistadas individualmente. Realizei diversas conversas informais sobre o jogar e uma entrevista semiestruturada, sem questionários fechados, mas com um roteiro prévio, baseado nas hipóteses que levantei por meio da leitura da bibliografia selecionada e das observações empíricas. Nessas entrevistas obtive algumas informações sobre o jogar dessas crianças dentro e fora do ambiente escolar.

Nos recreios, junto com as crianças da segundasérie C (28 crianças, 16 meninas e 12 meninos), estavam presentes também outras duas turmas de segundasérie, três turmas de terceirasérie, e três turmas de quartasérie, todas elas compartilhando os mesmos ambientes.

Os recreios possuíam duração de 30 minutos e os espaços destinados ao jogar eram os seguintes: uma rampa de skate; alguns espaços gramados; uma horta; duas quadras poliesportivas (que na maioria das vezes estavam ocupadas por aulas de educação física ou capoeira); um tanque de areia; uma arquibancada; banquinhos ao redor de um chão de terra; corredores externos ao redor do prédio da escola; um espaço semigramado com árvores; um pátio interno (do qual um quarto era utilizado como refeitório). Em cada recreio que observava, procurava inicialmente perceber qual seria a atividade da maioria dos grupos e o local onde iriam jogar e escolhia um ou dois deles para observar, procurando, ao longo do ano, dividir meu tempo de observações por igual entre os diversos grupos e jogos.

A especificidade do jogar no recreio escolar

> Este país não se parecia com nenhum outro país do mundo. A sua população era inteiramente composta de garotos.... Nas estradas, uma alegria, uma bagunça, um alarido de endoidecer! Bandos de moleques por toda a parte: uns no jogo de gude, outros jogando bola, atirando pedrinhas, sobre velocípedes, em cavalinhos de pau; outros ainda brincando de cabra-cega, de pique, e havia gente vestida de palhaço que engolia fogo; quem recitava, quem cantava, quem fazia piruetas, quem caminhava com as mãos no chão, de pernas pro ar; rodavam argolas, passeavam vestidos de general com o elmo folheado e o espadagão de papel machê; riam,

urravam, chamavam, batiam palmas, assoviavam, imitavam o canto da galinha quando põe o ovo; resumindo, um tal pandemônio, uma tal algazarra, tamanha baderna endiabrada que era preciso pôr algodão nos ouvidos para não ficar surdo. Em todas as praças viam-se teatrinhos de lona [...]"[2]

Escolhi observar o jogar no recreio escolar porque meu interesse repousa no jogar coletivo e, na infância contemporânea de crianças paulistanas (não da periferia de São Paulo), o recreio escolar configura-se como um dos poucos momentos de interação coletiva, no qual é possível encontrar todos os dias sempre as mesmas crianças, estabelecer vínculos coletivos, mesmo que delimitados pelo curto tempo do recreio escolar (30 minutos), e utilizar um amplo espaço ao ar livre destinado ao jogo.[3] Quando entrevistadas, a maioria dessas crianças afirmou que cotidianamente, além do jogar no recreio escolar, jogavam dentro de casa, sozinhas, com irmãos, vizinhos ou

---

2   Carlo Collodi. Le avventure di Pinocchio. (*apud* Agamben, Giorgio. *Infância e história*. Destruição da experiência e origem da história. [1978], Belo Horizonte: Editora UFMG, 2005, p. 81).

3   A título de ilustração, veja-se a pesquisa a respeito do jogar das crianças brasileiras, encomendada pela multinacional Unilever e conduzida pelo Instituto Ipsos, publicada na Revista Veja. Apesar de apresentar uma série de interpretações e conclusões equivocadas, a pesquisa, que foi feita em 77 cidades – um universo que representa 24,3 milhões de crianças –, revela que a grande maioria das crianças entrevistadas (76%) afirmaram jogar principalmente com os amigos na escola (*Revista Veja*. "Criança feliz, feliz a brincar". 21 de fevereiro de 2007).

primos (em grupos pequenos, de no máximo 3 crianças), e algumas poucas tinham como espaço alternativo a área comum do prédio no qual moravam. Interessei-me especialmente em observar crianças de segunda série do Ensino Fundamental porque nessa faixa etária (8 e 9 anos) as crianças já consolidaram um jogar coletivo; nos termos de Mead, jogam o *game* e encontram-se em pleno desenvolvimento da percepção do "outro generalizado".[4]

É importante salientar a especificidade do jogar circunscrito pela esfera escolar; ao pensar a socialização dentro do âmbito escolar, enfatiza-se usualmente processos que ocorrem o mais das vezes de forma sistemática, nos quais os conhecimentos adquiridos e suas formas de aquisição já estão em grande parte pré-definidos. Porém, ao considerar uma dimensão socializadora da (e na) escola, que se encontra também para além dos momentos educativos organizados e dirigidos, é possível dar atenção ao período do recreio, que possibilita tendencialmente formas de socialização maleáveis e difusas, se comparadas aos períodos de aula, e quando o jogar desempenha um papel fundamental. O recreio escolar privilegia o jogar coletivo ao facultar que um grande número de crianças joguem diariamente juntas em um mesmo espaço amplo, constituindo para muitas crian-

---

4 Era raro observar alguma dessas crianças jogando o *play* de Mead. Na primeira série as crianças ainda encontram-se em transição da saída dos moldes escolares da Educação Infantil, na qual o jogar possui um papel central, e entrada no padrão do Ensino Fundamental 1, no qual a ênfase repousa na transmissão de conhecimentos matemáticos básicos e no ensino da leitura e escrita, deixando o jogar em segundo plano, quando não é totalmente abolido em sala de aula.

ças, principalmente para as que moram em grandes cidades, um dos poucos momentos em que podem realmente jogar coletivamente.

Ao mesmo tempo, é necessário desmistificar alguns aspectos do caráter disciplinarizador e controlador da escola quanto ao jogar no período do recreio. De acordo com minhas observações o recreio configurava-se como um mundo paralelo ao dos períodos de aula, filas e outras atividades do gênero. Isso não significa que ele não estivesse o tempo todo relacionado a esse primeiro mundo, era até englobado por ele, porém não se pode contestar a sua autonomia relativamente grande. Havia uma presença simbólica das autoridades da escola – professores/as, diretora, coordenadora, bedel etc. – permeando essas relações, assim como o jogar em casa contava com a presença simbólica dos pais, da empregada, da avó, dos irmãos mais velhos etc., mesmo que eles não estivessem fisicamente presentes. Só que o fato de não estarem fisicamente presentes desempenhava um papel importante, pois permitia a criação de outras relações, outros mundos permeados pelos jogos, outras hierarquias, outros grupos, outras formas de utilização do tempo e do espaço.

Na escola observada a presença corpórea adulta no espaço destinado ao recreio era mínima. Havia uma bedel encarregada de manter a ordem, mas que raramente conseguia sair de dentro do prédio da escola (tamanha a demanda de situações "conflitivas" para administrar ainda no pátio interno da escola). Havia também um porteiro/zelador, que circulava por alguns ambientes do pátio externo, mas raramente chegava às extremidades mais distantes da escola. Ele parecia ser visto pela maioria das crianças como um "cúmplice" para seus jogos, pois gostava de observar as diversas interações das crianças sem interferir nelas, a não ser que houvesse alguma briga muito "violenta" (chutes e golpes muito fortes nos moldes de uma arena, onde duas ou mais crianças lutam [de verdade] e outras posicionam-se em círculo para observar ou torcer), o que era raro.

Dessa perspectiva, não seria cabível afirmar que havia um controle generalizado por parte da escola no que diz respeito ao jogar no recreio. Havia, sim, uma limitação de tempo, pois trinta minutos é um tempo bastante escasso se comparado ao tempo destinado às outras atividades escolares, e também um controle simbólico, pois frequentemente havia ameaças por parte das próprias crianças de contar para as autoridades adultas da escola certas atitudes de colegas consideradas inadequadas; mas como afirmei acima, essa não é uma especificidade do ambiente escolar. A especificidade do ambiente escolar que realmente diferencia o jogar no recreio do jogar em outros ambientes é, como já apontei, a possibilidade do jogar coletivo, um grande número de crianças diariamente juntas em um mesmo espaço bastante amplo.

Também foram observadas as relações estendidas do jogar na vizinhança para o jogar na escola. Todas as crianças observadas moravam no bairro do Butantã ou nas suas imediações; isso significa que muitas eram vizinhas e algumas delas jogavam juntas fora da escola. Observei alguns casos em que essa relação de amizade se estendia para o ambiente escolar e para o jogar no recreio, o que parecia fazer com que o jogar e as relações que ele propicia fossem de caráter mais profundo, como uma continuidade do jogar na vizinhança. Em outros momentos as crianças demonstravam diferenciar bem esses dois períodos de jogo, seja porque na escola havia outras crianças envolvidas, seja porque fora da escola jogavam em espaços diferentes, ou ainda porque em casa era possível utilizar brinquedos e jogos.

As relações de gênero no jogar do recreio escolar

Nos jogos observados, as relações de gênero foram uma forma de distinção social em destaque frente outras (como estratificação social ou pertença racial), pois a grande maioria das crianças jogavam em grupos do mesmo sexo. Por mais que em casa, ou no círculo de amizades fora da escola, as diferenças biológicas do "ser menina" e do "ser menino" atuem como forma de classificação, organização e distinção, a escola observada, assim como a maioria das escolas, parecia utilizar-se dessas diferenças de maneira muito mais explícita e intensa. As crianças eram separadas no pátio interno da escola em filas de meninas e filas de meninos, como uma forma de organizar a entrada em sala de aula; havia banheiros masculinos e femininos; para saírem da sala de aula para o recreio a professora ordenava primeiro a saída das meninas (em fila) e somente após cinco minutos a saída dos meninos (o que fazia com que o recreio deles fosse mais curto que o delas); a mesma professora proibiu que no recreio meninos e meninas jogassem juntos, devido ao alto índice de machucados nas meninas nesses jogos. Mesmo com todos esses direcionamentos por parte da escola e mais especificamente por parte da professora, foi interessante perceber como no recreio havia também jogos entre os dois sexos, como descreverei nas análises a seguir.

Segundo Thorne,[5] é muito fácil utilizar o sexo para organizar um ambiente com muitas pessoas; na escola, é preciso seriar, dividir, classificar, separar, agrupar etc., e o sexo parece ser uma maneira inequívoca

---

5 Cf. Thorne, Barrie. *Gender Play. Girls and Boys in School. Op. cit.*

de organização; todos são ou meninos, ou meninas (e mais ou menos no mesmo número!). Nesse sentido, o gênero é utilizado com a finalidade de disciplinar, organizar. Ao utilizar com frequência o gênero no interagir com as crianças, os adultos (principalmente os adultos da escola) tornam o ser menina ou menino um elemento central para a autodefinição e para a vida escolar cotidiana. Mas Thorne afirma que são as pessoas adultas, na escola, propondo atividades mistas que fazem com que crianças joguem juntas, depois de os ter diferenciado em tantas outras coisas, como se fosse uma espécie de compensação. Já na escola que observei não havia o menor esforço em promover atividades mistas, e quando havia jogar misto era uma iniciativa que partia das crianças, em oposição às proibições da professora.

Diversos autores[6] afirmam que no recreio escolar, mais do que em outros ambientes e momentos, observa-se uma verdadeira *configuração de gênero* nos jogos, e as hipóteses para justificar tal comportamento vão em duas direções: alguns[7] afirmam que se as/os professo-

---

6 Cf. Thorne, Barrie. *Gender Play*. Girls and Boys in School. *Op. cit.*; Cf. Cruz, Tânia M. *Meninas e meninos no recreio*. Gênero, sociabilidade e conflito. Tese de Doutorado apresentada à Faculdade de Educação da Universidade de São Paulo, São Paulo, 2004; Cf. Teixeira, F. B. *Brinquedos e Brincadeiras Infantis*. Entre diferenças e desigualdades. Dissertação de Mestrado, Programa de Pós Graduação da Universidade Federal de Uberlândia, 2003; Cf. Azevedo, Tânia M. C. *Brinquedos e Gênero na Educação infantil*. Um estudo do tipo etnográfico no estado do Rio de Janeiro. Tese de Doutorado apresentada à Faculdade de Educação da Universidade de São Paulo, São Paulo, 2003.

7 Cf. Cruz, Tânia M. *Meninas e meninos no recreio*. Gênero, sociabilidade e conflito. *Op. cit.*; Cf. Azevedo, Tânia M. C. *Brinquedos e Gênero na Educação infantil*. Um estudo do tipo etnográfico no estado do Rio *de*

ras/es utilizam critérios de gênero para dividir as crianças em grupos desde pequenos, como uma forma fácil e inequívoca de divisão; não podemos estranhar que as crianças incorporem em grande medida em seus próprios jogos muitas dessas formas de classificação adulta, que não são em suas raízes específicas da escola, mas nela aparecem de maneira exacerbada. Outros[8] afirmam que, por estarem em uma multidão de crianças, tendem a juntar-se a seus iguais (por sexo) como uma forma de diferenciação face à multidão amorfa.

Acredito que tudo isso se une ao fato de que, nos processos de socialização, a construção do *self* possui um componente de gênero, e o jogar infantil é fundamental nessa construção. Filiar-se a um certo grupo de crianças e a certos jogos significa, em certa medida, filiar-se a certas características que irão constituir a sua própria identidade – gostos, preferências, repulsas etc. –, e por isso o gênero dota de significados muitas dessas características. Se sou *realmente* menino, fazer parte de um grupo formado total ou parcialmente por meninas possui certas implicações para a minha identidade enquanto menino, que preciso ponderar antes de participar de um grupo como esse. Isso envolve a ideia de diferenciação, de pertencimento a agrupamentos específicos, mas também de confronto com aquilo que é considerado pelo senso comum como "masculino" ou "feminino" no jogar infantil.

Exatamente por existirem diversas maneiras de ser menino ou ser menina, jogar enquanto menino e jogar enquanto menina, é

Janeiro. *Op. cit.*; Cf. Teixeira, F. B. *Brinquedos e Brincadeiras Infantis. Entre diferenças e desigualdades. Op. cit.*.

8   Cf. Thorne, Barrie. *Gender Play*. Girls and Boys in School. *Op. cit.*

que algumas crianças rompem com certas fronteiras simbólicas e imaginárias de gênero, transitando entre aquilo que muitas vezes é denominado pelo senso comum como "coisas de menina" e "coisas de menino". Além disso, os processos miméticos que permeiam o jogar permitem que certos estereótipos de gênero presentes na dimensão cotidiana sejam remodelados no jogo, fazendo com que as crianças "joguem" com os significados de gênero e não apenas os reproduzam. Ao afirmar que meninas e meninos participam de seu próprio processo de socialização de forma ativa, estamos enfatizando a apropriação, por meio do jogar, de elementos de nossa cultura que dizem respeito ao gênero, perpassada por processos miméticos e, portanto, também criativos.

Já para outras crianças, tal remodelar dos estereótipos pode apresentar limites mais estreitos, seja porque a masculinidade ou a feminilidade que estão construindo esteja muito direcionada para um desses polos imaginários, seja em virtude de pressões do ambiente familiar, escolar, midiático ou de amizades para que se "escolha" entre uma dessas duas extremidades em detrimento da outra.[9] Por outro lado, pretendo demonstrar com a análise da "brincadeira de princesas" que, na vida cotidiana, esses dois polos de fato não existem, e que aderir a certas características associadas a uma determinada identidade de gênero no jogar não significa necessariamente posicionar-se em um desses extremos.

---

9   Cf. Connell, Robert W. "Disruptions: improper masculinities and schooling". In: Kimmel, M. S. Messner, M. A. (orgs.). *Men's lives*. Boston: Allyn and Bacon, 1997.

Nas entrevistas com as crianças, foi interessante perceber que muitas vezes suas práticas eram muito mais contestadoras e criativas do que os seus discursos sobre o jogar, isto é, os discursos sobre o seu próprio jogar ainda estavam muito mais impregnados de estereótipos de gênero, de estratificação social, entre outros, do que as suas práticas. Talvez Benjamim dissesse que falar sobre o jogo é cristalizá-lo, pois "falar sobre" não é o mesmo que jogar. O momento do jogar é o relampejar, é aquilo que acontece em um determinado instante, e depois é na maioria das vezes esquecido, ou lembrado de forma distorcida. Como o jogar localiza-se em uma temporalidade específica, falar sobre ele implica falar de fora dessa temporalidade, de fora desse mundo paralelo, e portanto não se está mais tão imbuído do "espírito" da prática do jogo, do jogo em ação.

Parcerias e configurações do jogar

No emaranhado social em que as crianças se socializam e são socializadas apresentam-se diversas configurações do jogar, nas quais crianças em grupos ou sozinhas desenvolvem maneiras variadas de estruturar, coordenar, imitar e criar seus jogos. No entanto, essa pluralidade de comportamentos não ocorre de forma puramente aleatória. É possível observar certas constâncias, tanto em grupos de crianças que jogam quase sempre juntas, como em jogos que esses mesmos grupos elegem como seus favoritos. Uma das tarefas de uma análise sociológica é mapear essas constâncias, mas também assinalar quando, como e porquê ocorrem diferenças, rupturas e/ou contradições.

Observei diversos jogos que aconteciam com uma certa frequência desde o início até o final do ano de 2004, e diferentes grupos de crianças que mantinham uma formação relativamente constante, demonstrando preferências por certos jogos. Para facilitar os procedimentos de análise, diferenciei *grosso modo* cinco grupos de crianças que possuíam afinidades específicas no jogar (detectadas ao longo de minha pesquisa empírica). Os grupos de parceiros de jogo estão assim nomeados: Grupos A, B, C, D e E.

A composição nuclear do grupo A era de cinco meninas, que no recreio jogavam de maneiras muito semelhantes, articulando temáticas como mamãe e filhinha, princesas, casinha, comidinha, casamento etc. O grupo B era composto por alguns subgrupos, totalizando nove meninas, que manifestavam pouco interesse por jogos como mamãe e filhinha, comidinha etc. e por vezes chegavam a demonstrar repulsa a eles.[10] As composições dos seus subgrupos não eram totalmente fixas, as participantes circulavam com uma certa frequência entre eles, e em alguns jogos uniam-se formando um grande grupo, inclusive incorporando algumas das meninas do grupo A. Elegiam como preferidos os jogos mais variados: pega-pega, esconde-esconde, brincar na rampa de skate,[11] conversar, tomar

---

10 Como a fala de uma dessas meninas em resposta a um convite para brincar de princesas: "Eu? Brincar de princesas? Credo! Eu detesto essa brincadeira!" Isso não significa que essas meninas apresentassem comportamentos considerados "masculinos"; pelo contrário, a maioria delas usava acessórios cor-de-rosa, brincos e lancheiras das "meninas superpoderosas" e diziam gostar de brincar de bonecas e Barbies em casa (porém não na escola).

11 Local originalmente destinado à brincadeira com skate, mas utilizado pelas crianças para escorregar, brincar de pega-pega, tomar lanche etc. Será explorada detalhadamente nas análises dos jogos.

lanche (o faziam de uma maneira lúdica), jogos mais fantasiosos do tipo "vamos fingir que estamos num barco e que tubarões querem nos pegar", pular dos degraus da arquibancada, "lutinhas", polícia e ladrão, "clubinho" etc. Esse foi o grupo no qual detectei a maior diversidade de jogos, tanto com relação às temáticas como de uso da linguagem. Seus jogos tinham enredos bem elaborados, criativos, fantasiosos, com muito humor, e seus movimentos corpóreos eram variados, demonstrando agilidade ao correr, pular e inventar gestos. A maioria das meninas, tanto do grupo A quanto do B, transitava com muita facilidade entre jogos com ênfase nos movimentos corpóreos e jogos com ênfase na linguagem.

Os meninos, por sua vez, também não jogavam os mesmos jogos e nem de maneira homogênea, e diria que, de uma forma resumida, para jogar no recreio eles se dividiam em dois grupos. O grupo C era composto por cinco meninos que passavam grande parte dos recreios jogando futebol, e que se misturavam facilmente aos meninos das outras segundasséries (mas não aos maiores). Quando não jogavam futebol, a maioria das vezes os observava brincando de pega-pega na rampa de skate, ou então de "lutinhas", quando o objetivo parecia ser fazer movimentos interessantes, coordenados, ágeis, diferentes, e não necessariamente machucar.

Já os meninos do grupo D (sete meninos) jogavam futebol apenas esporadicamente, normalmente quando "convidados" pelos meninos do grupo C por falta de jogadores no time, pois era perceptível que a maioria deles (mas não todos) não era considerada "bons jogadores" pelos meninos do grupo C. Muitas vezes observei-os circulando perto do jogo de futebol, esperando serem chamados para jogar, mas quando eu indagava o porquê de não jogarem, diziam que não estavam com vontade. Passavam a maior parte do tempo entretidos em jogos que englobam estruturas semelhantes ao pega-pega mescladas às de brincadeiras de luta. Esses jogos muitas vezes envolviam momentos de tensão e violência (chutes e socos fortes), que eles mesmos pareciam perceber como algo que talvez estivesse fora dos limites do jogo – então discutiam entre si, ou vinham até mim reclamar, mas logo em seguida continuavam o jogo, e as mesmas cenas se repetiam inúmeras vezes. Pude perceber que muitas vezes esses limites do que é jogar e do que é brigar não são tão claros, ou não são os mesmos para todos os participantes (mesmo que só entre meninos).

O grupo E envolvia meninas e meninos – que eu nomeio "grupo de jogos mistos" – e era formado por algumas facções dos grupos B e C. Executavam jogos variados, mas observei uma certa constância na estrutura desses jogos. Sempre que ocorriam jogos mistos duradouros – e não apenas intervenções rápidas ou conflitos entre meninos e meninas – eram normalmente iniciados por meninas, e os meninos eram incorporados. Definiria a estrutura desses jogos, nos termos de Gebauer & Wulf, como estruturas de jogos considerados masculinos que envolvem lutas, pega-pega, a utilização de um amplo espaço e um enredo pouco estruturado sobre diálogos, mas sim sobre movimentos, ruídos, agilidade etc. O que permitia a existência do grupo E eram as maneiras de jogar de alguns desses meninos e meninas, em diversos momentos semelhantes no que se refere à sua estrutura: correr, inventar personagens, emitir ruídos, viver aventuras, lutar (mas sem machucar); todos esses elementos associados a uma disposição para participar de jogos cujas temáticas não fossem consideradas primordialmente femininas ou masculinas. Isto é, meninas e meninos jogavam juntos quando se dispunham a compartilhar tanto as mesmas temáticas quanto as mesmas estruturas dos jogos.[12]

Porém, nem os meninos do grupo C, nem os do grupo D pareciam demonstrar interesse em jogos cuja estrutura baseava-se fundamentalmente em diálogos prolongados e menos movimentos. As poucas vezes que os observei tentando participar desses jogos com algum grupo de meninas sempre acabavam em conflito, pois enquanto elas queriam manter uma estrutura mais "teatral" e verbal, eles desejavam transformar essa estrutura, muitas vezes introduzindo elementos de luta ou pega-pega que não eram compatíveis com o jogo por elas planejado. O que ocorria é que, ou eles eram expulsos do jogo, ou saíam dele espontaneamente, ou então o jogo transformava-se em outro (do qual eles pudessem participar), ou ainda apenas algumas meninas desgarravam-se do jogo original e criavam um novo junto com os meninos. Mesmo assim, não é possível afirmar que essa seja uma "incapacidade" própria dos meninos, pois outros meninos, de outras segundasséries da mesma escola, que esporadicamente observei,

---

12 É importante salientar que depois da proibição dos jogos mistos pela professora, algumas meninas sentiram-se constrangidas em jogar com meninos, já que a proibição era dirigida a elas e não a eles. Elas é que deveriam evitá-los. Isso causou uma diminuição dos jogos mistos. E algumas meninas pareceram passar a valorizar a "especificidade" de seus jogos enquanto meninas (mas que na estrutura continuavam tendo diversas semelhanças com os jogos dos meninos). Além disso, foram criadas alternativas que lhes permitiam ter contato com meninos sem entrar em confronto com a professora, como na argumentação de uma das meninas: "ela (a professora) proibiu de brincar com os meninos da nossa classe, com os das outras classes não!"

demonstravam prazer em jogar com enredos mais estruturados em diálogos. O que ocorre é que na configuração específica dessa turma de segundasérie C, esses meninos não estavam presentes, e os jogos com ênfase em movimentos corpóreos pareciam ser fundamentais na construção de suas masculinidades.[13]

---

13 Cf. Connell, Robert W. "Disruptions: improper masculinities and schooling". *Op. cit.*

Análise dos jogos

Os jogos escolhidos para análise foram observados com uma certa frequência ao longo do período da pesquisa na escola e representam o jogar dos diversos grupos de crianças observados. Enfatizo que meu objeto de análise são os jogos e o jogar, vistos como produções desses grupos de crianças, e não os grupos de crianças em si, pois de acordo com os pressupostos teóricos desta investigação os jogos são mundos próprios que podem ser analisados em sua totalidade, desde que não se deixe de considerar as suas correspondências com outros mundos. Não é possível analisar grupos de crianças com essa mesma autonomia, visto que são muito mais complexos, envolvem indivíduos em um contexto que extrapola em muito o recreio escolar.

Nas análises que se seguem não investigo os jogos um a um, mas correlaciono as principais categorias desenvolvidas na primeira parte deste trabalho com os jogos observados; pois as características se repetem em diversos jogos, de modo que a análise pormenorizada de cada um deles se tornaria enfadonha e repetitiva. Desse modo, procuro demonstrar como as "características do jogar" (exploradas no Capítulo 1, Parte 1) aparecem nos jogos e as maneiras pelas quais *alguns* elementos constituintes dos processos de socialização correlacionam-se ao jogar por meio de processos miméticos. Durante as observações pude perceber intensamente como diversos elementos da dimensão cotidiana são transformados em jogo por meio de processos miméticos e, portanto, também criativos. Objetos, animais, pessoas, personagens de desenhos animados, palavras, lugares etc., ganham, no jogar, funções e estatutos diferentes dos "originais". Porém, ao mesmo tempo, é possível reconhecer suas correspondências com o mundo cotidiano, o que permite identificar certos elementos estruturantes do agir social imersos em uma lógica própria do jogar.

Entretanto, não é possível demonstrar, nas análises dos jogos, a totalidade das correlações entre desenvolvimento do *self* individual e jogo infantil, pois o jogar no recreio escolar é apenas uma parte da experiência lúdica das crianças observadas, realizada em um curto período de tempo, circunscrita pelos muros da escola, inscrita no ambiente do recreio escolar e rodeada por outras pessoas, crianças ou adultos. Quando questionadas sobre o que mais gostavam de jogar em casa, a maioria delas elegeu outros jogos como os preferidos, muito variados, o que impede traçar um perfil homogêneo acerca do papel do jogar para o desenvolvimento do *self* das crianças observadas. O desenvolvimento do *self* (e os processos de socialização) engloba processos diversos e o jogar (na escola e fora dela) é uma das formas de interação constituintes desses processos.[1] As análises das duas imagens da infância de W. Benjamin, ao final da Parte 1, suprem a seu modo as impossibilidades mencionadas, pois ao rememorar sua infância na forma de imagens ele relata (e analisa), ao mesmo tempo, suas experiências do jogar, e também os "efeitos" e "contribuições" desse jogar para a formação de seu *self*.

---

1 Para poder ilustrar empiricamente a forma desses processos, seria necessário realizar estudos de caso com crianças individuais nas suas mais diversas atividades.

Nas análises a seguir, certas características do jogar adquirem maior visibilidade em alguns jogos e procuro ressaltá-las. No "brincar na rampa de skate", por exemplo, a temporalidade própria e o caráter de condensação do jogar merecem uma atenção especial; no "brincar de princesas", o caráter fantasioso do jogar e o papel do jogo para a formação do *self* aparecem em destaque; os jogos de futebol e as "lutinhas" demonstram o caráter performático do jogar; no brincar de "assassinos" e na brincadeira de "Loira Burra" pode-se perceber o quão grandes podem ser as variações do jogar tendo um mesmo tema como base.

Jogo e condensação

O jogar é uma forma particular de condensação de certos elementos culturais selecionados antes e durante o jogo. Na escola visitada, havia uma rampa de skate onde foi possível observar uma enorme concentração de jogos, que condensavam aspectos culturais variados e características de jogos diversos. De acordo com minhas observações e entrevistas, a rampa era o local mais almejado para jogar no recreio; dois terços das crianças inquiridas afirmaram gostar de brincar nela, quer como "seu jogo predileto", quer como o local favorito para jogar. Assim como o parquinho,[2] a rampa de skate poderia ser vista como

---

2 Pelos tipos de movimentos corporais que o brincar na rampa suscitava, creio que ela funcionava como "substituta" do "parquinho" ou *playground*, que a escola não possuía. Algumas crianças relataram gostar especialmente de brincar em parquinhos e que essa era sua brincadeira predileta nas escolas em que estudaram antes.

um microcosmo do recreio, funcionando como um pequeno mundo onde quase tudo que é possível realizar alhures, no espaço do recreio, é transportado para lá, em um esforço criativo de adaptação.

Havia uma rotatividade na utilização desse espaço e não eram sempre as mesmas crianças que lá jogavam em todos os recreios – jogavam um pouco, depois decidiam jogar em outros locais, enquanto novas crianças chegavam. Crianças maiores (3as. e 4as. séries) também demonstravam grande interesse pela rampa e esse era o local por excelência onde crianças das mais diversas idades conviviam e jogavam juntas. Isso significa que a rampa era um espaço que privilegiava os jogos "mistos", tanto no que se refere ao sexo, como à idade das crianças. Nela era mais difícil "jogar sozinho", porque sua constituição física estimulava as interações, pois a todo momento as crianças cruzavam-se no seu jogar. Ela ocupava um espaço relativamente pequeno em comparação ao grande número de jogos que abarcava, e isso implicava uma certa organização por parte dos grupos de crianças, para permitir que esses jogos pudessem acontecer simultaneamente nesse espaço limitado.[3]

---

3   Observei ainda que todas as crianças da 2^a. série C jogavam na rampa, umas mais, outras menos, mas se há uma generalização possível sobre o jogar desse grupo é que todas elas se interessavam em alguma medida por jogar nesse espaço. Após serem liberadas para o recreio, diversas delas realizavam quase todos os dias o mesmo ritual: corriam "loucamente" em direção à rampa, dançando, pulando ou apostando corrida.
    A rampa era o local mais distante a que se podia chegar sem sair dos limites da escola. Era raríssimo que um adulto conseguisse chegar até lá, pois no meio do caminho ele já encontrava tantas outras "situações" para "resolver", para "controlar" entre as crianças, que simplesmente não

Apresento abaixo uma gama variada de jogos e maneiras de jogar observados na rampa de skate, apontando, quando houver, a ocorrência de jogos realizados só por meninos ou só por meninas:

Escorregar

1. Escorregar sozinho, como se a rampa fosse um escorregador (subiam correndo e desciam escorregando).
2. Escorregar "de peixinho", isto é, de barriga para baixo. Quase todas as crianças que escorregavam assim eram meninos. Só observei uma menina fazendo o mesmo, Valéria, uma menina que jogava apenas com meninos.
3. Escorregar de costas (de cabeça para baixo): uma forma de escorregar que exige grande habilidade, pois a cabeça deve permanecer levantada e só o corpo deve ter contato com a rampa. Só observei alguns meninos jogando assim. Algumas meninas diziam: "São loucos."

---

conseguia atingir a rampa. Somente às terças-feiras a funcionária da escola encarregada do controle das crianças aparecia por lá. Isso ocorria porque nesse dia havia aulas de capoeira na quadra ao lado e para os professores de capoeira a brincadeira na rampa "perturbava" o bom andamento da aula. Portanto, era *proibido* brincar na rampa às terças-feiras. Mesmo assim, as crianças brincavam lá até a chegada da bedel, que ia até o local com o intuito de expulsá-las. Porém, muitas crianças tornavam essa expulsão uma brincadeira de esconde-esconde, transformando uma prática de controle em jogo, dizendo: "Hoje é terça, vamos nos esconder atrás da rampa!" "Vem, vamos nos esconder da Cidinha." Vale também lembrar que fui a única adulta que permaneceu lá em diversos recreios e que subia na rampa, mas já estava claro para as crianças que eu não era funcionária da escola e que só estava interessada em observar os jogos.

4. Escorregar de mãos dadas uma ao lado da outra (só meninas) dizendo: "preparar, apontar, já!", e escorregavam.

5. Escorregar abraçada com a melhor amiga (só meninas).

Escorregar "de trenzinho"

1. Crianças enfileiram-se uma atrás da outra como em um trenzinho e escorregam. Muitas vezes eram grupos só de meninas ou só de meninos, mas havia também grupos mistos. Gostavam de tirar os sapatos para deslizar melhor. Às vezes, de cima da rampa, gritavam para mim: "Brincar de trenzinho, anota aí!". Havia várias formas de organizar o trenzinho:

    a. da criança menor para a maior.

    b. da criança maior para a menor.

    c. revezamento: revezando o posicionamento no trem entre todos os participantes.

Bolinhas de gude

1. Corrida de bolinhas de gude na rampa:

    a. a mesma criança jogava de cima da rampa duas bolinhas e a graça era ver qual delas chegava primeiro ao outro lado; era um jogo parcialmente individual: as bolinhas competiam, e as duas eram jogadas pela mesma criança. O jogo possuía também um traço coletivo, porque as crianças revezavam-se para jogá-las e observavam o jogo do outro.

    b. crianças diferentes jogavam simultaneamente as bolinhas de gude de cima da rampa e competiam para ver qual bolinha chegava ao outro lado da rampa mais longe ou então em primeiro lugar.

2. Uma criança esperava a bolinha de gude embaixo da rampa, e outra a soltava de cima da rampa; depois, a de baixo subia correndo e passava a bolinha para a de cima, algo como nos esportes de passar o bastão (revezamento).

3. Empurrar as bolinhas de gude com grandes galhos caídos de árvores localizadas ao redor da rampa (algo que lembra o golfe), para que elas subissem e descessem da rampa.

Varrer

1. Meninas varriam folhinhas com grandes galhos com folhas nas pontas (que se pareciam com vassouras), sendo que as folhinhas que estavam varrendo tinham se soltado anteriormente dos galhos que utilizavam como vassouras. A graça parecia estar em observar as folhinhas deslizarem pela rampa.

Escorregar + bolinhas de gude

1. Escorregar junto com a bolinha de gude: soltá-la ao lado de si no momento em que está escorregando e apostar uma corrida com ela.

Futebol + bolinhas de gude

1. Futebol com bolinha de gude: coloca-se a bolinha no meio da rampa e depois chuta com o objetivo de que a bolinha suba na rampa (só meninas).

Correr

1. Correm na rampa de uma ponta a outra fazendo movimentos que imitam o brincar de skate, só que sem skate, tentando fazer corridas e pulos "radicais".

2. Correr na rampa com uma borboleta pousada em si mesmo: o desafio é não deixá-la voar.

Escalar

1. Subir na rampa sem impulso, sem correr, mas escalando. Muitas vezes há uma criança em cima que auxilia a que quer subir com as mãos ou os pés.

Pendurar-se nas barras de ferro localizadas na parte superior da rampa

1. Balançar com as mãos, penduradas, nas barras de ferro.
2. Fazer malabarismos imitando trapezista, como em um trepa-trepa.

Dançar quadrilha

1. Essa brincadeira ocorreu dias antes da festa junina da escola, onde as meninas do grupo B estavam muito envolvidas com o ensaio da quadrilha. Fizeram pares (só meninas) e dançavam/corriam de uma ponta a outra da rampa, tentando executar os passos da quadrilha ao mesmo tempo em que cantavam a música que a acompanhava.

Pega-pega

1. Brincar de pega-pega, meninas X meninos, sendo que cada lado da rampa (em cima) é o pique de um dos sexos.
2. Uma criança é o pegador que fica embaixo tentando pegar as crianças que passam correndo de um lado para o outro. As duas partes superiores da rampa são os piques.

Luta/Guerra

1. Uma criança permanece em cima de uma das extremidades da rampa, dá golpes com as mãos e não deixa outros subirem, gritando: "yaaa, yaaa!" (só meninos).

2. Luta com galhos, como se fosse esgrima, correndo pela rampa (só meninos).

Organizar o clubinho

1. Algumas meninas do grupo B fundaram um clubinho só delas e, em alguns recreios, organizaram seus materiais em uma pasta: dinheiro (cruzeiros), desenhos feitos por elas e um livro de gramática.

Utilizar as barras de ferro como microfone

1. Cantar enquanto brinca de pega-pega, a cada vez que se chega em cima da rampa.

2. Chamar os colegas pelo microfone, como se fosse em uma rodoviária: "Senhor Lucas, favor comparecer à rampa imediatamente."

Brincadeira de tubarão fora da água

1. Ficam deitados/as na parte inferior da rampa, fingindo que são tubarões, falando: "tubarão fora da água!" e movimentando os braços como se estivessem nadando.

Tomar lanche + Conversar

1. Algumas meninas dos grupos A e B tomavam lanche quase todos os dias na parte superior da rampa. Ao mesmo tempo conversavam sobre diversos assuntos: como o lanche é gostoso; qual é o

planejamento para as brincadeiras do dia; suas relações familiares; relatos de acontecimentos da sala de aula ou do recreio...

Brincar de Espião

1. Espionar as meninas: meninos do grupo C escondem-se atrás da rampa ou da arquibancada, fazendo "movimentos corpóreos de espionagem" até algumas meninas do grupo B, que tomam lanche na rampa, perceberem. Quando elas percebem, correm atrás deles.

Esconde-esconde

1. Esconder-se às terças-feiras da Cidinha (bedel) e dos professores de capoeira atrás da rampa.

No decorrer dos recreios, observei na rampa esses jogos variados, que se repetiam com maior ou menor frequência e muitas vezes se encontravam interligados. Para apresentá-los de forma sistemática, é preciso agrupá-los em categorias, pois ao observar esse jogar ele me pareceu à primeira vista um "caos de jogos", como uma "ação excessiva", condensando diversos elementos e estruturas do agir da vida cotidiana na forma de jogo, ordenados segundo uma lógica singular. Isso ocorria porque, além de acontecerem diversos jogos simultaneamente, dificilmente as crianças permaneciam muito tempo em um mesmo jogo, mas migravam para outros: um pega-pega podia transformar-se em luta, e depois voltar a ser pega-pega; a brincadeira de escorregar podia, ao mesmo tempo, mesclar-se ao pega-pega; o lanche podia ser perpassado por jogos (toma-se um gole de suco, depois escorrega-se de trenzinho, então morde-se o sanduíche...).

Certa vez, observei meninos brincando de espionar meninas na rampa, que estavam brincando de trenzinho. Em um primeiro momento tratava-se de um jogo com fortes características performáticas, como "movimentos de espionagem" (gestos de esconder, de observar). Depois de um tempo, as meninas chamaram os meninos de "bananas" e correram atrás deles. Desse jogo surgiu um outro: os meninos espiões "invadiram" (termo utilizado por eles) a rampa e ela se tornou metade das meninas e metade dos meninos: o grande desafio era conseguir subir no lado do outro sexo; o meio da rampa era território "neutro" ou de passagem. Era ao mesmo tempo também uma espécie de pega-pega meninas X meninos, mas ambos eram os pegadores. Nesse sentido, podia também ser visto como uma guerra.

Percebemos então como diferentes jogos interligam-se em uma rede complexa: espião + trenzinho + pega-pega + correr + escalar + guerra. O exemplo ilustra como diversos jogos no recreio escolar apresentam de forma bastante evidente o caráter de condensação. Isso não se aplica a brincadeiras como os jogos de futebol, que duravam praticamente um recreio inteiro, mas sim a jogos como pega-pega, esconde-esconde e outros tantos que também ocorriam com muita frequência na rampa de skate. Lá, em virtude da limitação de seu espaço físico, podia-se observar como um jogo rapidamente se transformava em outro. Esses jogos eram "curtos" em comparação a muitas outras atividades, durando apenas segundos ou minutos e podiam, mesmo assim, ganhar continuidade em outros recreios.

Alguns trabalhos provenientes do campo da psicologia[4] associam o caráter de condensação dos jogos à efemeridade e a um baixo envolvimento no jogar; isso significaria afirmar que as crianças que migram facilmente de um jogo para outro não estariam realmente envolvidas nesse jogar. Mas não creio que seja assim. Nos jogos que observei, as crianças pareciam estar bastante envolvidas na ação de jogar, o que não as impedia de cambiar seus jogos. Isso se deve ao caráter inter-relacional dos processos miméticos que permeiam o jogar, que faz com que seja parte constituinte da dinâmica do jogar a alternância de jogos, não como mudança repentina e sem sentido, mas como continuidade de certas estruturas e/ou temas em jogos diferentes. A mimese no jogo permite que diversos elementos sejam correlacionados de maneiras criativas e isso faz com que o jogar detenha uma elasticidade temática e estrutural. Se compararmos a rampa de skate com um *playground*, poderíamos afirmar que condensar uma pluralidade de jogos, de temáticas e de jogadores em um espaço bem limitado é um caráter próprio dessa espécie de espaços lúdicos.

Jogo e mimese:
repetições modificadas e seletividade

Os processos miméticos envolvem repetição e variação que, correlacionadas, resultam nas repetições modificadas. Tanto os diversos

---

4 Cf. Leavers, Ferre. "L'éducation expérientielle: l'implication de l'enfant, un critére de qualité". In: Rayna, Sylvie; Brougère, Gilles. *Traditions et innovations dans l'éducation préscolaire*. Perspectives internationales. Paris: INRP, 2000.

aspectos da dimensão cotidiana selecionados para jogar como o "jogar mais uma vez" são formas de repetição; mas sobre a base das repetições desenvolvem-se variações por meio de modificações, em relações de correspondência com o mundo cotidiano. Todos os jogos que observei apresentaram traços de repetições modificadas, pois os diversos elementos que serviram como base para o jogar não foram selecionados mais de uma vez da mesma maneira, nem com as mesmas combinações; portanto todos os jogos possuíam uma dimensão potencialmente criativa.

No que se refere aos processos miméticos no jogar realizado na rampa de skate, o ponto fundamental é que a rampa é um local originalmente destinado à brincadeira com skate. Porém, as crianças eram pro*ibid*as de levar skate para a escola e a escola também não fornecia skates para possibilitar essa brincadeira. Partia-se do raciocínio que crianças dessa idade são muito pequenas para brincar de skate em uma rampa de skate; que é algo perigoso, difícil, e que exigiria funcionários da escola de plantão para socorrer os acidentados. Mesmo assim, a rampa exerce atração sobre as crianças, e já que não podiam jogar nela da forma usual, desenvolveram, mimeticamente, inúmeras formas criativas de utilizá-la, seletivamente, na forma de repetições modificadas.[5]

Quando o jogar na rampa envolvia o correr de um lado para o outro, realizando movimentos parecidos com os da brincadeira com skate, era possível perceber que a referência original ao skate não foi totalmente perdida. Porém, a variedade de jogos que se apresentava demonstra como essas crianças articulavam, por meio de processos

---

5 E mesmo que pudessem brincar com skates na rampa, poderiam fazê-lo de forma criativa, visto que os processos miméticos permeiam todos os jogos.

miméticos, diversos elementos no seu jogar, e como um mesmo espaço físico foi "interpretado" de maneiras tão variadas e distintas. Como a rampa possui uma forte inclinação, brincavam de escalar, escorregar, soltar bolinhas de gude; ao ensaiar para a quadrilha da festa junina, traziam certos aspectos da dança para o brincar na rampa; ao serem ameaçadas de expulsão pela bedel, brincavam de esconde-esconde atrás da rampa; como as barras de ferro da parte superior da rampa "lembravam" microfones, utilizavam-nas como tal em seus jogos; sendo a parte superior da rampa um local bastante isolado do resto da escola, parecia ser um local agradável para tomar lanche, organizar um clubinho... Esses diversos elementos eram estímulos externos aos jogos, alguns provenientes do mundo cotidiano (escolar ou não), outros tomados de empréstimo de jogos anteriores ao brincar na rampa, e o interessante é perceber como eles foram articulados mimeticamente de forma a se tornarem jogo no espaço da rampa.

Por sua constituição física, a rampa propunha desafios, e esses desafios podem ser compreendidos como uma forma de criar novas modalidades de jogos, novas formas de integrar jogos e integrar movimentos mais ousados e diversos nas estruturas dos jogos já existentes. Sempre que dois ou mais jogos interligam-se, mobiliza-se a faculdade mimética, pois é preciso realizar adaptações, estabelecer novas redes de interdependências, e a maneira como essas novas redes se estabelecem também é sempre nova, envolve sempre uma certa dose de criatividade.

Um outro exemplo de jogo que ilustra com bastante precisão a dimensão seletiva e as repetições modificadas do jogar infantil é a brincadeira de "Loira Burra". Durante uma semana do ano de 2004, o tema "Loira Burra" interessou grande parte das crianças da segundasérie C, bem como crianças de outras classes e séries. Nenhuma delas soube me explicar de onde surgiu o interesse pela "Loira Burra" e muito menos como ele se alastrou entre as diversas séries; contudo, pude reconhecer nela uma variação da "Loira do Banheiro", uma espécie de "lenda urbana" presente nas escolas desde os anos 1980. Em termos gerais, a Loira Burra seria uma figura fantasmagórica "presa" nos banheiros da escola e evocada por meio de um ritual que envolveria chutar três vezes o vaso sanitário e jogar três fios de cabelo dentro do mesmo.[6]

---

6 A "Loira do Banheiro" ou "Loira Burra", "vive nos banheiros das escolas. Possui farta cabeleira loira, é muito pálida, tem os olhos fundos e as narinas tapadas por algodão, a fim de que o sangue não escorra. Causa pânico entre os estudantes. Dizem que era uma aluna que gostava de cabular as aulas, escondendo-se no banheiro. Um dia, caiu, bateu com a cabeça e morreu. Agora, seu fantasma vaga à espera de companhia, assombrando todos aqueles que fazem o mesmo que ela costumava fazer. Em outras versões, é uma professora que se apaixonou por um aluno. Terminou assassinada, a facadas, pelo marido traído. Tem o rosto e o corpo ensanguentados, as roupas em frangalhos. Loura ou loira do banheiro, menina do algodão, big loura. Lenda urbana contemporânea que ocorre, com modificações, em todas as regiões do Brasil. Algumas vezes é uma mulher feita, outras vezes, uma menina. Os locais de sua aparição podem variar: escolas, centros comerciais, hospitais. Entre os caminhoneiros, surge nos banheiros de estrada, de costas, linda, corpo perfeito, belas pernas. Porém, ao se voltar para sua vítima, com o rosto sangrento, causa o horror. Acredita-se, também, que seja possível invocá-la. Para isto, basta apertar a descarga por três vezes seguidas ou chutar, com força, o vaso sanitário. Então, ela aparecerá, pronta para atacar a primeira pessoa que entrar no banheiro." In: http://jangadabrasil.com.br/revista/galeria/ca79006f.asp

Ao longo dessa semana, a Loira Burra[7] foi um assunto recorrente entre meninas e meninos no período do recreio e inspirou uma série de jogos. Os meninos não jogaram de maneira tão engajada com o tema, provavelmente pelo fato de a Loira Burra pertencer ao sexo feminino. Não os observei incorporando a personagem e apenas um menino afirmou tê-la visto no banheiro masculino;[8] muitos deles brincavam de serem perseguidos pela Loira Burra, que era interpretada por meninas. Nesses jogos as "Loiras Burras" os perseguiam pelo pátio externo da escola, dizendo "Sou a Loira Burra, vou te pegar!" e fazendo caretas.

Os grupos de meninas, por sua vez, jogaram com essa temática de maneiras muito variadas. Durante vários recreios inteiros o ritual se repetiu e consistia em entrar e sair do banheiro feminino, a cada vez introduzindo elementos novos nesse jogar. Logo no início do primeiro recreio em que surgiu a brincadeira de Loira Burra, duas meninas dirigiram-se a mim e disseram em coro: "Faz isso: arranca três fios de cabelo, vai até o seu banheiro, o das mulheres, cospe três vezes, dá três descargas, bate três vezes a porta e grita três vezes: Loira buuuurraaa!!!! E ela aparece cheia de sangue! Nós vimos ela." Depois disso, me convidaram para ir ao banheiro com elas e observar o ritual. Após a realização minuciosa de todos os passos acima

---

7 O adjetivo "burra" substituindo "do banheiro" pode ter surgido entre as crianças devido a uma música bastante conhecida delas, do compositor e cantor *Gabriel, o Pensador*, intitulada "Loira Burra".

8 Depois de um tempo, algumas crianças contaram que esse menino havia sido pego no banheiro pela Loira Burra, "Não sei o que aconteceu com ele, não voltou até agora!"

mencionados, permaneço parada à espera de alguma manifestação da Loira Burra. Elas olham para mim com desapontamento e dizem: "Ué, dessa vez ela não apareceu...". Eu digo que talvez seja a minha presença lá que faz com que ela não apareça.

Ocorreram inúmeras variações desse jogo no decorrer dessa semana: bater a porta das cabines sanitárias três vezes, ao invés de dar três chutes no vaso sanitário; chutar quatro vezes o vaso sanitário ao invés de três vezes; jogar um montinho de cabelos dentro do vaso sanitário ao invés de três fios; serem esses cabelos loiros e não "qualquer" cabelo; só poderem entrar meninas loiras (ou de cabelos castanhos) na cabine do banheiro; xingar a Loira Burra com três palavrões; dar a descarga só uma vez; dar a descarga três vezes; contar até vinte antes de deixar o banheiro...

Um outro exemplo da dimensão seletiva do jogar pode ser observado na brincadeira de "assassino". No dia vinte e um de junho do ano de 2004, as crianças da segundasérie C assistiram a uma peça de teatro na escola, cuja temática despertou um enorme interesse em meninas e meninos. A peça foi encenada no horário da aula que antecedia o recreio e, logo após o seu término, muitas crianças conversavam calorosamente a respeito de seu desfecho inesperado. O título da peça nenhuma delas soube me dizer, mas contava a história de uma moça que parecia ser muito boazinha e de uma série de assassinatos; a assassina viria a ser a própria moça "boazinha", revelada apenas no final da peça. Do ponto de vista da maioria das crianças, a bondade da personagem que se revelou assassina parecia ser tão convincente, que o desfecho da peça surpreendeu a todas.[9]

Durante conversas entre as crianças surge o desejo de "brincar de assassino"; a ideia inicial que organiza o jogar é representar a peça, procurando desempenhar os papéis exatamente como vistos minutos atrás. Havia cinco personagens femininos e um masculino e, portanto, muitas crianças, principalmente meninos, não poderiam participar do jogo. Algumas meninas rapidamente se ofereceram para ser as personagens femininas e entre elas era consenso qual menino deveria interpretar o papel masculino: um menino que, segundo elas, era o mais engraçado da classe e que, às vezes, gostava de brincar com as meninas.

Algumas das outras crianças que ficaram de fora desse jogo rapidamente encontraram uma maneira de jogar com a temática do assassino: iniciaram um pega-pega no qual o/a pegador/a seria um assassino/a. Desse modo, da peça de teatro surgiram duas variações de jogos inspirados no mesmo tema. Contudo, as estruturas desses jogos variavam imensamente; enquanto um era uma brincadeira de teatro, uma encenação no sentido teatral do termo, o outro era uma

---

9 A cena dos assassinatos parece ter sido inspirada em um jogo infantil chamado "detetive", no qual os jogadores sentam-se em roda e são sorteados papeizinhos entre eles que definem quem serão as vítimas, o detetive e o assassino. O assassino deve piscar para suas vítimas como forma de matá-las e o detetive deve tentar, pelos olhares, descobrir o assassino. Nesse caso, o jogar aparece como subsídio para a peça de teatro, a qual, por sua vez, acaba por subsidiar o jogar das crianças.

mistura entre pega-pega temático (assassino pega/ou "mata" a vítima), lutinha e teatro.[10]

Nessas duas formas de brincar de assassino pude perceber que o grupo que brincou de assassino na forma de pega-pega/luta/teatro se descolou muito do modelo da peça de teatro original. Incorporou essa nova temática ao seu jogar corriqueiro, como o pega-pega e as "lutinhas". Ao mesmo tempo, representou por meio de expressões corporais diversas e expressões verbais os papéis de assassinos e vítimas – formas de expressão exageradas e condensadas daquilo que seria considerado parte das maneiras de expressão de um assassino e de uma vítima. Surgiram como armas das assassinas, não as piscadas da peça original, mas pedaços de pau e bolsas; as vítimas, por sua vez, utilizaram-se de cordas para capturar suas assassinas, que, desde o início do jogo, já eram bem conhecidas. Utilizaram uma gama variada de espaços em seu jogar: o pátio externo, o pátio interno, os banheiros.

O grupo que brincou de assassino na forma de teatrinho selecionou elementos muito diversos dos selecionados pelo outro grupo. O espaço ocupado pelo jogo foi um só, "o esconderijo" (um canto específico localizado no pátio externo da escola), como se fosse um palco teatral. Concentraram-se na tentativa de interpretar as últimas cenas da peça, e realizaram durante todo o jogar uma série de repetições modificadas tendo como base essas cenas. O personagem masculino, a certa altura, começa a ser representado por uma menina; o aparelho de som (que fazia parte da encenação original) é imaginário; o som que deveria sair dele elas mesmas fazem com a boca; alternam

---

10 Nos Apêndices ao final do trabalho pode-se encontrar descrições detalhadas das duas variações da brincadeira de assassino.

os papéis femininos ao iniciarem uma nova repetição modificada ("agora eu que sou fulana").

A brincadeira de assassino está diretamente relacionada a uma temática que despertou o interesse de meninas e meninos e foi o melhor exemplo que pude encontrar em minhas anotações do jogar em grupos mistos. No Capítulo 1 da Parte 1, afirmo que para jogar coletivamente é preciso compartilhar com os demais jogadores um mesmo repertório cultural que inspire tematicamente os jogos e, no caso da brincadeira de assassino, esse repertório cultural comum foi a peça de teatro. A maneira como foi realizada e as temáticas abordadas foram capazes de despertar um forte interesse das crianças, independente de seu sexo, a ponto de não apenas inspirarem o jogar dentro dos grupos de parceiros de jogo já existentes, mas também instigarem o jogar formando novos grupos mistos.

O caráter seletivo e as repetições modificadas no exercício da faculdade mimética no jogar revelam-se de maneiras variadas na brincadeira da Loira Burra e no brincar de assassino. As relações entre a "lenda urbana" da Loira do Banheiro e o brincar de Loira Burra revelam o amplo espectro de possíveis correspondências entre dois "mundos", por meio de processos miméticos. Por outro lado, são os processos miméticos que proporcionam as diversas articulações que dão origem às inúmeras variações do jogo. Na brincadeira de assassino, nos dois jogos distintos que se formaram a partir da peça de teatro, observa-se como os processos miméticos no jogar são mecanismos seletivos que podem fazer com que dois jogos inspirados em um mesmo tema sejam muito diferentes entre si.

Variações temáticas e estruturais dos jogos

A seletividade e as repetições modificadas no jogar infantil podem ocorrer em dois níveis diferentes: temática e estruturalmente. As variações temáticas dizem respeito aos inúmeros enredos utilizados no jogar: mamãe e filhinha, polícia e ladrão, brincar de assassino etc. Esses temas podem aparecer em jogos de maneiras muito variadas, isto é, serem estruturados de formas diversas. Já as estruturas dos jogos podem ser compreendidas como os diversos elementos que fundamentam o jogo de uma maneira primária, pois sem eles o jogo não existiria, ou seria totalmente outro.

A "brincadeira de princesas", jogada diversas vezes por um mesmo grupo de meninas, ilustra bem essas questões. As princesas eram uma série de personagens femininas de contos de fadas e bonecas, desde a Cinderela, ou a Bela Adormecida, até as bonecas Barbie ou Polly. Eram princesas-atrizes que possuíam uma série de atribuições – domésticas e artísticas – e que, por serem princesas, viviam em um mundo encantado de bruxas, outros seres fantásticos, perseguições e encantamentos. Cada uma das meninas desempenhava o papel de uma princesa (e também alternavam os papéis) ou então de madrastas ou até de bruxas.[11]

A estrutura dessa brincadeira, assim como a de muitas brincadeiras de guerra consideradas tipicamente masculinas, parecia apoiar-se em um par de oposições entre papéis, o papel das boas X o papel das/os más/maus. As princesas desempenhavam sempre o papel do bem, e a bruxa, as madrastas e o príncipe – alternada ou conjuntamente – o

---

[11] Ver descrições de duas variações da brincadeira de princesas nos Apêndices.

papel do mau. Até a polícia apareceu em um determinado momento da brincadeira, desempenhando a função de perseguidora. Já o papel da madrasta pareceu-me de início um tanto ambíguo pois, por um tempo, fui solicitada a desempenhá-lo e, nesse momento, fui considerada "a salvadora", mas depois percebi que isso se devia mais ao fato de essas meninas simpatizarem comigo (enquanto adulta) do que ao papel específico que desempenhava. Portanto, via de regra a madrasta continuava sendo má. Muito semelhante a outros jogos de perseguição observados, um dos principais objetivos desse tipo de jogo é *a fuga*. Porém, enquanto nesses outros jogos ocorre uma captura "real", elas ou não eram pegas, pois o inimigo era imaginário, ou eram pegas mas logo libertas ilesas, com a finalidade de fugirem outra vez. Enfim, na brincadeira de princesas, parece que essa fuga e possível captura ocorria mais no plano simbólico e imaginativo do que no plano real e com consequências físicas, permanecendo a ênfase na fuga.

A diferença desse tipo de brincadeira face ao pega-pega é que neste o pegador não é necessariamente definido de forma tão explícita como "o mau", e é cambiante; a graça reside na agilidade e proeza que envolvem o pegar e o fugir, e no embaraço de ser pego e deixar escapar. Já as brincadeiras de "princesas", "vilões e mocinhos", "maus pegam bons", "polícia e ladrão" utilizam a estrutura primária do pega-pega e a ela incorporam um enredo relativamente fixo, no qual se definem personagens, normalmente seguindo um sistema de oposições bons X maus. No caso das princesas, as boas devem fugir das malvadas; já no caso do polícia e ladrão, os bons é que devem capturar os maus, mas o que interessa é que o sistema de oposições permanece, por mais que haja situações ambíguas – como no caso da menina que desempenha ao mesmo tempo o papel de princesa e bruxa, por falta de alguém que "queira" ser bruxa. Brougère[12] descreve algo semelhante ao observar meninos brincando de "Power Rangers": como nenhum deles queria ser o Power Ranger preto (porque ele é feio, mau e sempre perde no final), eles desenvolvem estratégias para poderem brincar sem excluir o "mau" da brincadeira.

Em resumo, pode-se afirmar que há uma estrutura básica que proporciona os fundamentos dessa brincadeira, composta por personagens: de um lado as princesas e do lado oposto as madrastas, a bruxa e ocasionalmente os príncipes. A partir dessa estrutura são desenvolvidas ações em contextos variados e, ocasionalmente, outros personagens são inseridos.[13] Existe também uma estrutura secundária, a estrutura do pega-pega, que aparece em quase todas as variações da brincadeira, porém em tempo parcial. No primeiro exemplo da brincadeira de princesas, ela inicia-se com uma estrutura mais complexa e fantasiosa e termina utilizando a estrutura do pega-pega; já no segundo exemplo, a brincadeira inicia na forma de pega-pega e depois se transforma.

12 Cf. Brougère, Gilles E. *Brinquedo e companhia*. Op. cit.
13 Isso permite uma aproximação a diversos enfoques estruturais de análise – seja de mitos, seja de narrativas não-míticas, seja de fenômenos variados. Isso não será explorado neste trabalho; veja-se a título de exemplo: Courtés, Joseph. *Introduction à la sémiotique narrative et discursive*. Paris: Hachette, 1976. Pensando nas possíveis variações da brincadeira, sempre apoiada nessa mesma estrutura, a história da Cinderela é a que aparece de forma mais visível: na obrigação de limpar a casa; na transformação (da gata borralheira em Cinderela e das princesas que limpam a árvore em atrizes); e na posse de uma madrasta, pois não são todas as princesas que possuem madrastas.

Porém, por mais que a estrutura básica da brincadeira de princesas esteja apoiada em um sistema bipolar (boas X maus), um desses polos – as boas – é que se configura como polo principal; o outro polo aparece como subordinado, pois não está dotado do mesmo poder de decisão e direcionamento das brincadeiras como o polo das princesas. Nesse sentido, as crianças que desempenham o papel do polo oposto ocupam um papel secundário, pois a brincadeira de princesas configura-se como um brincar "entre elas"; não há uma busca real por alguém que desempenhe o papel do "outro" de maneira ativa.[14] O sentido da brincadeira parece ser mais o de uma relação de cooperação entre as princesas do que uma luta, bipolar, entre o bem e o mal. Isso fica claro quando, na dinâmica da brincadeira, percebemos que não há um "objetivo final" – derrotar os maus –, já que se trata sobretudo de propiciar fugas intermináveis, encantamentos, relações de cooperação e solidariedade que se estabelecem entre si, como processos e não como finalidade. Para estabelecer uma comparação com outras brincadeiras, muitas vezes desempenhadas por meninos, nas quais essa estrutura (bem X mal) aparece como fundamental, seria importante detectar exatamente qual o peso do "outro" enquanto polaridade oposta ativa, se existe o forte senso de cooperação entre os membros do grupo, se parece haver um "objetivo final" etc.

Com o exemplo temático-estrutural da brincadeira de princesas, pode-se perceber de que modo o caráter seletivo/mimético presente no jogar infantil opera. Estruturas variadas são condensadas

---

14 Entendo por "ativo" não as ações e movimentos de caráter físico, mas a possibilidade de interferir nos rumos da brincadeira.

na forma de jogo, de maneira a satisfazer uma temática comum: o mundo das princesas.

Jogo, mimese e performance

Se o jogo é uma *ação corpórea* entre seres humanos, isso significa que ele possui uma dimensão performática singular. A existência de um "corpo que joga", diferente do corpo do dia-a-dia, enfatiza as relações corpóreas com "o outro", que em sua forma diferem da maioria das atividades da vida cotidiana. Em muitos jogos infantis essa dimensão performática aparece de maneira bastante evidente. Nas duas variações da brincadeira de assassinos, os jogadores utilizam-se de expressões corporais, faciais e verbais para definir assassinos e vítimas. Parece haver entre eles um acordo tácito a respeito das características físicas e de personalidade dos personagens interpretados, bem como um consenso sobre como esses mesmos personagens devem ser representados performaticamente no jogar. Isso poderia ser compreendido como formas simbólicas de interação meadanas, uma capacidade coletiva desenvolvida nos processos de socialização e, portanto, no jogar, de interpretar condutas no interior de uma mesma cultura; e a capacidade de apresentá-las em uma performance coletiva, o jogo.

Os jogos de futebol revelam-se um exemplo rico do caráter performático do jogar. O futebol é uma forma de jogo potencialmente coletiva, na qual a atitude de um jogador está fortemente relacionada à atitude dos outros jogadores. Para jogar futebol é preciso conhecer as posições dos jogadores e aquilo que podem realizar a partir dessas posições; não um conhecimento puramente técnico, mas sim um conhecimento que permite compreender sua própria posição em relação à posição dos outros, e as suas possibilidades de realizações individuais frente a um coletivo.

Assim como o brincar na rampa de skate e as brincadeiras de perseguição, o futebol era constantemente jogado por muitos meninos da segundasérie C, conjuntamente com meninos de outras classes e séries. Havia duas quadras poliesportivas na escola, mas apenas uma delas ficava parcialmente disponível para o uso das crianças no período do recreio. Esses meninos, sempre que permitido, jogavam futebol na quadra disponível e quando esta encontrava-se ocupada por outras atividades (como aulas de capoeira para outras séries), jogavam em um espaço gramado, que media por volta da metade do tamanho da quadra poliesportiva, situado ao lado dessa quadra. Nesses dois espaços distintos, jogava-se futebol de maneiras também distintas, reforçando novamente a dimensão de repetição modificada do jogar.[15]

Contudo, havia também diversas características em comum nas duas modalidades de jogos. Deixando de lado as características espaciais e a presença das regras, os jogos de futebol nos dois espaços eram muito parecidos e as relações miméticas de correspondência com o mundo dos jogos de futebol adulto eram visíveis. Esses jogos eram extremamente performáticos e iam muito além de uma mera competição: nas maneiras corpóreas de se posicionar na cobrança de uma falta, nas quedas, no sentir "dor" em um membro "ferido", nas come-

---

15 Nos Apêndices encontram-se as descrições dos jogos de futebol realizados na quadra poliesportiva e no gramado.

morações de vitória,[16] na indignação diante de uma possível falta ou injustiça,[17] nos incontáveis palavrões emitidos durante o jogar.[18]

Não obstante, por mais que os meninos parecessem "reproduzir" regras e elementos performáticos dos jogos adultos, a dimensão mimética dos jogos infantis fazia com que a criatividade também estivesse presente. Por exemplo, algumas vezes, quando os meninos caíam uns em cima de outros em uma disputa pela bola, pareciam se divertir, prolongando o tempo no chão, um embolar-se uns sobre os outros, rolando, onde haviam "empurrões carinhosos", cócegas e risos, como se fosse uma "parada" no jogo para a introdução de um outro jogo. Em um jogo adulto essa forma de performance coletiva e interação com o corpo do "outro" não aconteceria; e mesmo adolescentes também já não jogam assim.

Outro jogo que privilegia a dimensão performática são as brincadeiras de lutas entre crianças. As "lutinhas" (denominação das próprias crianças) ocorriam quase diariamente em grupos de meninas, grupos de meninos e grupos mistos.[19]

---

16 Quando um menino fazia um gol, muitas vezes corria ao longo da quadra, com os braços abertos, como se imitasse um avião. E, ao término de um jogo, diversas vezes, dançando, correndo e gritando bem alto: "É cam-pe-ão! É cam-pe-ão!" tomavam o caminho de volta para a classe.

17 Quando reclamavam levantavam os braços e gritavam: "caralho!"

18 "Filha da puta! Caralho! Eh, Marcos, caralho! Toca, toca, vai filha da puta! Chuta pro gol, Marcos!" – mas parece que nos jogos na quadra eram mais comedidos e não se falava tantos palavrões como nos jogos no campo.

19 Havia uma enorme dificuldade dos funcionários da escola em reconhecer as lutinhas como um tipo de jogo e por esse motivo sempre que

Elas eram uma espécie de jogo que podia ser realizado de diversas maneiras, o que reforça novamente o caráter de repetição modificada do jogar. Certas meninas afirmavam estar brincando de lutinha quando se abraçavam com força, até quase se esmagarem, formando um grande bolo de meninas abraçadas. Outras meninas e um grupo específico de meninos brincavam de lutinha de maneiras muito semelhantes (na maioria das vezes em grupos do mesmo sexo, mas também os observei lutando em grupos mistos): brincavam sempre em duplas, executando "movimentos de luta" bem elaborados e articulados com os movimentos do outro lutador; os dois alternavam-se nos golpes de uma maneira "harmônica" e "cooperativa", e o importante parecia ser desempenhar uma performance, uma apresentação, deixando em segundo plano o caráter competitivo das lutas. Já as lutinhas de um segundo grupo de meninos enfatizavam tanto o caráter competitivo das lutas,[20] como a execução de uma performance.

---

surpreendiam crianças brincado de lutinhas, as repreendiam, alegando estarem praticando atos de violência. As repressões eram incisivas quando se tratava de meninas "lutando" entre si; quando ocorriam lutinhas em grupos mistos, as repreensões tornavam-se ainda mais intensas, com castigos e proibições. Essas proibições atingiram o seu ápice quando a professora da segundasérie C, em decorrência das lutinhas em grupos mistos, "proibiu" que meninas brincassem com meninos no recreio. As crianças, em resposta às proibições, alegavam que os funcionários da escola não compreendiam que se tratava de um jogo, e afirmavam só estarem brincando. A própria denominação "lutinhas", no diminutivo, parece surgir da necessidade de enfatizar que se trata de um jogo.

20 Muitas vezes chegando a se machucar de verdade.

Nas três modalidades de lutinhas o caráter performático do jogar se faz evidente. Por mais que as lutinhas do segundo grupo de meninos não enfatizassem apenas um aprimoramento performático, havia o desempenho de uma certa performance que remete às lutas em geral: o engajamento dos corpos uns com os outros; certos movimentos com braços, mãos, pernas e troncos; as fugas e as capturas; os dribles no adversário nos momentos de perseguição e possível captura; expressões verbais como "vou te pegar!" ou "você não me pega!"; as expressões faciais de dor, satisfação ou insatisfação diante da vitória (o domínio do corpo do adversário) ou da derrota (o ser dominado pelo adversário). Em certas modalidades, alguns desses elementos faziam-se mais presentes do que outros. O primeiro grupo de meninas permitiu-se brincar de lutinhas e modificou totalmente o seu caráter competitivo-agressivo: nas suas lutinhas parecia reinar a execução de uma performance coletiva. Já nas lutinhas dos grupos mistos a competição revelava-se presente, porém de maneira comedida, sendo o seu elemento estruturante a execução de uma performance extremamente elaborada.

Exatamente por se tratar de jogos, e não de lutas do "mundo real", cada grupo de crianças, meninas e meninos, apropriou-se seletivamente de certos aspectos das "lutas de verdade" em seu jogar, e cada um desses aspectos estruturou as performances das lutinhas de maneiras singulares. Isso demonstra como a mimese opera nos jogos articulando elementos da dimensão cotidiana de maneiras variadas; a execução performática de uma lutinha nunca pode ser igual à outra, pois os acontecimentos nunca são iguais, mas semelhantes entre si. Ao mesmo tempo, ao delinearem-se os parceiros de jogos e suas preferências, pode-se perceber uma certa linearidade nas maneiras de executar o jogar e na seleção de elementos e temáticas para os jogos.

Jogo, mimese, fantasia e criatividade

Os processos miméticos no jogo infantil possibilitam que certos aspectos da "realidade" sejam reorganizados em uma ação potencialmente criativa, permeada pela fantasia, de modo que o jogar e o "mundo do jogo" surjam como uma "outra realidade", um "outro mundo", muitas vezes um mundo "sem sentido" se comparado às lógicas que regem a dimensão cotidiana.

Na brincadeira da Loira Burra, era fundamental que as crianças pudessem fantasiar a respeito da personagem; sem a fantasia, não seria possível jogar. Havia um certo mistério necessário a respeito da "real" existência da Loira Burra que perpassava o jogar.[21] Para algumas crianças a Loira Burra existia, mas era uma pessoa comum, uma menina que nunca estudou e que era loira; para outras, ela não era "real", mas mesmo assim tinham medo dela; outras ainda relataram terem-na visto várias vezes, mas não tinham medo dela: "Eu acredito. A cabeça dela caiu na minha cama outro dia." Pergunto: "E o que você fez com a cabeça?" Ela responde: "Ah, ela desapareceu".

---

21 Muitas crianças chegaram a conversar com os pais e professoras a respeito dela. As professoras eram unânimes em afirmar sua não-existência e o inconveniente de tal brincadeira. Uma das meninas afirmou que sua mãe a viu quando criança, o que acabou por excitar ainda mais a curiosidade das crianças.

Conversar fantasiando a respeito da figura da Loira Burra também aparece como uma forma de dar continuidade ao jogo. Algumas afirmavam que ela possuía uma vasta cabeleira loira, já para outras ela era quase careca:

> A Loira Burra é careca e só tem alguns fios de cabelo loiros espalhados pela cabeça, e ela está sempre cheia de sangue. Uma vez eu tava tomando banho e resolvi chamar a Loira Burra, e ela apareceu e me fez escorregar no banheiro e bater a cabeça na privada. Minha mãe ficou brava e me bateu.

Também não havia um consenso a respeito do "ver" a Loira Burra no banheiro; algumas crianças nomeavam outros locais e momentos para sua aparição. Certas meninas afirmavam que ela só aparecia à noite, e de dia só se via o seu sangue; atestavam a "veracidade" dessa informação ao reconhecerem uma pixação vermelha na parede do banheiro como sendo o sangue da Loira Burra. Diziam: "Foi a Loira Burra!" ou "Esse escrito não tava aqui ontem, foi a Loira Burra!" Outras ainda afirmam que ela só aparecia no Japão ou nos Estados Unidos e apenas à noite. As discussões a respeito de sua imagem, que muitas crianças afirmavam não terem visto, podem remeter às experiências de fantasia no jogar de W. Benjamin com a *Mummerehlen* e o Corcundinha; ele nunca os via, mas seus vestígios eram visíveis, como a tigela quebrada; assim como muitas crianças afirmavam poder ver apenas o sangue, as pixações e as "travessuras" da Loira Burra.

Além desses exemplos de mobilização da fantasia de forma mais elaborada, a mesma fantasia também faz-se presente em pequenos elementos criativos introduzidos em um jogar mais "convencional". Um exemplo disso é quando elementos dos jogos de futebol mesclam-se com outros jogos em composições extremamente criativas. Observei meninos executando passes de futebol com latinhas de refrigerante amassadas no lugar da bola; ou fazendo um "jogo de futebol" dentro do canteiro de areia (minúsculo para a finalidade) – segundo um dos jogadores, "não tem gol, não tem times, é só drible"; ou ainda jogando futebol com bolinhas de gude em um chão cimentado que não permitia que se jogasse bolinha de gude da forma tradicional; ou então um jogo de bolinhas de gude que se transforma em uma espécie de futebol com os dedos das mãos; ou ainda um jogo de bolinhas de gude no qual os jogadores, ao invés de utilizarem as mãos, chutam as bolinhas com os pés (porém seguindo as regras e objetivos do jogo de bolinhas de gude); e, por fim, um jogo de futebol feminino realizado por duas meninas na parte inferior da rampa de skate com uma bolinha de gude.

A dimensão da fantasia está presente em todas as formas de jogos de futebol descritos (mesmo nos jogos na quadra poliesportiva), revelando as correspondências com os jogos adultos, por um lado, e realizando as repetições modificadas, por outro lado (tais como objetos e bolas diferentes das originais, jogos em espaços alternativos, a possibilidade da não-existência de times etc.).

A "brincadeira de princesas" também apresenta fortes traços de fantasia. Ao jogar, as meninas articulavam ao mesmo tempo o universo fantástico das princesas e bruxas a elementos da vida cotidiana, como o limpar, o varrer, ou ainda de uma forma glamourosa, como atrizes. O universo lúdico das princesas e Barbies aparece como comum a essas meninas: todas elas compartilham inicialmente de um conhecimento (de uma cultura lúdica), e esse conhecimento comum permite-lhes fantasiar e brincar coletivamente de princesas. Da mesma forma, em todos os detalhes e variações da brincadeira de Loira Burra, é perceptível o caráter de imaginação e fantasia do jogar infantil. No conversar a respeito dela e nas diversas variações da execução do jogo, a Loira Burra adquire várias características, tanto físicas como de personalidade, por vezes contraditórias entre si, mas plenas de sentido para o jogar.

Jogo, processos de socialização e construção do *self*: processos miméticos

A brincadeira de princesas pode ser analisada como um exemplo detalhado de como o jogo infantil *coletivo*, visto como uma forma de interação constituinte dos processos de socialização, atua na formação do *self* na infância. Essa forma de jogo foi delineada por uma espécie singular de distinção social presente nos processos de socialização: as relações de gênero. Desse modo, por meio desse exemplo concreto, pode-se perceber como jogo, processos de socialização, processos miméticos e a distinção social de gênero[22] atuam conjuntamente na construção do *self* individual das crianças (meninas) envolvidas nesse jogar.

---

22 E outras dimensões e formas de distinção social incontáveis que não serão exploradas nesse trabalho.

Brincar de princesas: uma brincadeira de meninas

É interessante notar como nas duas variações da brincadeira,[23] meninos e meninas participavam inicialmente de uma atividade conjunta. Porém, quando a brincadeira de princesas se instaura, as meninas não pareceram manifestar o desejo de incorporar os meninos de fato à brincadeira, e nem eles pareceram estar interessados em participar. Minha hipótese é que exatamente por essa brincadeira já estar associada a um certo grupo de meninas, e pelo próprio título da brincadeira – princesas – ela é pouco atrativa para os meninos. O papel do príncipe nos desenhos animados e contos de fadas é fundamental para o salvamento das garras da madrasta ou bruxa e para vida futura da princesa, mas mesmo assim permanece em segundo plano. Porque mesmo como príncipes os meninos não foram incorporados de fato à brincadeira? E no jogar, como o príncipe aparece? Quem salva e quem é salva? Será que o objetivo da brincadeira, assim como no desenho animado, é ser salva?

Nesse ponto, o universo lúdico da boneca Barbie está mais próximo da brincadeira de princesas do que o desenho animado ou os contos de fadas, visto que leva ao extremo a participação de personagens masculinos. O boneco Ken é apenas um acessório do brincar, ele não possui o mesmo *status* do príncipe (que já era secundário). Brougère afirma que "não se brinca com o Ken, mas com a Barbie e, para isso, usam-se todos os acessórios disponíveis, o cavalo, a

---

23 Ver Apêndice B.

banheira, o carro, o pente ou o Ken".[24] Creio que nenhuma criança queira ser, por livre e espontânea vontade, simplesmente o acessório de uma brincadeira, e para um menino entrar em uma brincadeira estruturada dessa forma, sem ser acessório, seria necessário que ele fosse princesa, o que implica um rompimento com diversos estereótipos de gênero que a maioria deles não demonstrou estar disposta a realizar. Uma real participação de meninos só seria possível se a estrutura da brincadeira fosse modificada e as princesas não tivessem a exclusividade no desempenho do papel principal (ou do único papel ativo). Dessa forma, a brincadeira de princesas aparece atrelada a uma estrutura que é anterior à da brincadeira, que parece ser a estrutura clássica dos contos de fadas,[25] posteriormente incorporada por muitos desenhos animados e levada às últimas consequências pela brincadeira de Barbie, na qual tudo que não seja a própria personagem Barbie possui o *status* de acessório.

Com efeito, as princesas parecem ser uma versão feminina das brincadeiras de perseguição e super-heróis, em que uma figura masculina desempenha o papel principal, seguindo a mesma lógica dos acessórios (os monstros, os castelos, as armas, os inimigos e até algumas figuras femininas), uma dinâmica individualista, aberta para múltiplas variações de fantasia que envolvem acessórios e ambientes diferentes, criativos, mas fechada no que diz respeito ao compartilhar o posto de personagem ativo na brincadeira. E é exatamente

---

24 Cf. Brougère, Gilles E. *Brinquedo e companhia*. Op. cit., p. 104.
25 Cf. Courtés, Joseph. *Introduction à la sémiotique narrative et discursive*. Op. cit.

por isso que todas as meninas do grupo desempenham o papel de princesas, como forma de desempenharem papéis ativos.

No segundo exemplo da brincadeira de princesas, ao lado das personagens da madrasta, da bruxa, e do policial, surge o "príncipe", que parecia não ser representado conscientemente por nenhum dos dois meninos que continuavam incansavelmente a lutar como que em uma brincadeira paralela, e o papel do "outro", do "mau", era desempenhado por uma entidade fantástica, que produziu o encantamento e prendeu as meninas no pau. Dado que alguém precisa ser o vilão, e que antes estavam brincando de guerra com os meninos, nada mais "natural" do que, para elas, os meninos, o príncipe ou tudo aquilo que não é princesa, desempenhe o papel "do outro" na brincadeira nova. Creio que isso colabora em grande parte para que esse grupo de meninas, diferente de outros grupos, não participasse tanto de jogos mistos. Além disso, brincar de princesas é simplesmente viver a aventura, a perseguição, sofrer o encantamento. O ser salva por um príncepe ou por qualquer outro personagem não é o mais importante, exatamente em virtude do caráter de não-finalidade e de "transcurso" do jogo.

Processos miméticos no jogar: distinção social de gênero e construção do *self*

A brincadeira de Barbie, assim como a de princesas, propicia experiências que só seriam realizadas, fora do mundo do jogo, no mundo adulto. As personagens das princesas, enquanto adultas (ou adolescentes), gozam de liberdade, autonomia e possibilidades de aventura que as crianças (e não apenas as meninas, visto que a maioria dos super-heróis também são figuras de homens adultos) não possuem. "A criança se torna adulta enquanto dura a brincadeira e, de preferência, por meio de papéis adultos interessantes, quer sejam eles cotidianos ou fora do comum."[26]

Em outro jogo do mesmo grupo de meninas, elas representavam as filhinhas, as mamães e a vovó (eu desempenhava o papel da avó), e mesmo as filhinhas apareciam sempre como mulheres adultas: "Eu era a filhinha, eu já tava na faculdade. Tchau mamãe, eu vou pra faculdade." Mas ao mesmo tempo demonstravam que se tratava de um jogo entre meninas de 8 anos de idade, pois as mesmas filhinhas traziam as seguintes preocupações para as mães: "Tó, filhinha, mas esse dinheiro não é pra você gastar comprando doces, senão vai ficar de castigo!..."

No entanto, brincar de princesas é muito diferente de brincar de mamãe e filhinha. Por mais que todo jogo carregue, no interior dos processos miméticos que o constituem, um certo teor de fantasia (certamente é possível brincar de mamãe e filhinha de formas muito criativas – o frequentar uma faculdade já é uma saída da esfera doméstica, e do "esperado" de uma brincadeira de mamãe e filhinha), a temática das princesas está carregada por si só de elementos fantásticos que não estão presentes na vida cotidiana. As princesas não têm maridos, nem filhos, não vão à escola, não fazem compras para a casa, e mesmo a obrigação de limpeza não é tal e qual na vida cotidiana, já que varrem uma árvore. E por mais que tenham que "varrer a árvore" para agradar suas madrastas, levam uma vida dupla, ao sair da esfera doméstica e penetrar o mundo glamouroso da vida de atriz, ou ao participar de perseguições fantasmagóricas e encantamentos.

---

26 Cf. Brougère, Gilles E. *Brinquedo e companhia. Op. cit.*, p. 95.

A imagem da Barbie (já que ela se confunde com a imagem de uma princesa; aliás, para as meninas, a Barbie é uma princesa) corresponde a uma figura adulta exultante, talvez, na esfera dos desejos, muito mais interessante para brincar do que uma representação fiel da mulher adulta presente em suas vidas cotidianas, "um adulto interessante, que a convida (a criança) a assumir um papel"[27] que, em parte, permite às meninas viver aventuras e ter sucesso na vida profissional (como atrizes) e com as amigas. A figura da Barbie é a de uma mulher que possui independência financeira, exerce atração sobre os homens, não está necessariamente vinculada à maternidade e a tarefas domésticas (já que as bonecas Barbies são temáticas), além de possuir diversos acessórios que a permitem viver aventuras.

> Alguns não aceitam essa mulher incapaz de servir um homem e seus filhos, e que faz um uso muito liberado da sexualidade fora do casamento (afinal o boneco Ken nunca foi nomeado o "marido" da Barbie, mas aparece como "companheiro", "namorado", o que não impede de haver uma Barbie temática noiva). Outros destacam o lado mulher-objeto, que não tem outra atividade a não ser consumir e cuidar de si mesma; por trás da independência encontramos, então, uma submissão às expectativas masculinas [...] ela é tudo isso ao mesmo tempo.[28]

---

27 Brougère, Gilles E. *Brinquedo e companhia. Op. cit.*, p. 103.
28 *Ibidem*, p. 106.

Isso significa que, por um lado, a imagem da Barbie propõe uma exacerbação de um ideal de beleza feminina, que aparece associado à riqueza e que serviria também para satisfazer desejos considerados masculinos. Mas além disso, por meio das Barbies temáticas são apresentadas diversas imagens de mulheres adultas: independente, aventureira, mãe, noiva, dona de casa, esportista, intelectual, profissional bem sucedida (diversas profissões, como médica, por exemplo, mas sempre associadas à riqueza) etc. Nesse sentido, essas imagens variadas possibilitariam vivenciar uma diversidade de experiências como mulher – por meio do jogar – e não necessariamente a adesão a uma feminilidade específica, que definiria o destino das meninas ao se tornarem mulheres adultas.

Porém, no caso das brincadeiras analisadas, quais elementos dessa imagem da boneca/princesa foram incorporados? De que forma? Nos termos de Huizinga, de que forma essas meninas manipularam essas imagens da princesa no seu jogar? Quais são as características de mulher adulta *interessantes* para essas meninas em suas brincadeiras?

A feminilidade do grupo de meninas que brincava de princesas parecia ser a que mais se encaixava nos padrões daquilo que é considerado tipicamente feminino pela cultura na qual estavam inseridas: usavam roupas cor-de-rosa ou vermelhas com motivos delicados (flores, corações); tinham cabelos compridos e bem penteados; havia uma preocupação constante em não se sujarem; faziam certos trejeitos com as mãos acompanhados de um "ai" e de um suspiro ao falar e jogar; tinham "adotado" uma menina menor (da própria classe) como a "filhinha" para jogar; a temática de seus jogos era quase sempre ou de princesas ou de mamãe e filhinha; gostavam de escrever cartinhas cor-de-rosa e perfumadas para a professora; eram apaixonadas pelos meninos "mais bonitos" da classe, mas quase nunca tomavam uma iniciativa de contato; etc.

Poderíamos dizer que a imagem de uma princesa corresponde em grande parte às características acima descritas: a princesa normalmente veste-se com roupas delicadas, o mais das vezes vestidos cor-de-rosa ou brancos; seus cabelos são sempre longos; ela está sempre limpa e bem alinhada; seus movimentos transmitem delicadeza e fragilidade; no final de sua história seu destino é casar-se com um príncipe que a salva e a carrega nos braços; etc.

Pensar em uma brincadeira de princesas de maneira abstrata poderia nos levar a tachá-la de reprodutora de diversos estereótipos de gênero, principalmente quando a boneca Barbie também é considerada uma princesa.[29] Ao entrevistar as meninas que brincavam de princesas, descobri que tomaram contato com essas personagens assistindo aos desenhos animados e brincando com suas respectivas bonecas-personagens.[30] É recorrente, mesmo no âmbito acadêmico, ouvir críticas aos efeitos desses desenhos, e aos efeitos da mídia e da literatura infantil (contos de fadas) na reprodução de estereótipos de gênero nas brincadeiras infantis.[31] Entretanto, ao acompanhar de

---

29 A imagem da Barbie é recorrentemente associada pelos adultos ao consumismo, à futilidade e a uma "imposição" de padrões de beleza quase inalcançáveis (Cf. Brougère, Gilles E. *Brinquedo e companhia. Op. cit.*).

30 Ou só boneca, como no caso da Polly, pois há um desenho animado sobre a Barbie, posterior à criação da boneca.

31 Cf. Louro, Guacira L.; Neckel, Jane F.; Goellner, Silvana V. (orgs.). *Corpo, gênero e sexualidade*: um debate contemporâneo na educação. Petrópolis: Vozes, 2003; Cf. Azevedo, Tânia M. C. Brinquedos e Gênero na Educação infantil. Um estudo do tipo etnográfico no estado do Rio de Janeiro. *Op.*

perto essas brincadeiras, podemos perceber que a dimensão mimética do jogar infantil complexifica as relações com os desenhos animados (ou com os contos de fadas) e, nesse sentido, as princesas, os príncipes, as bruxas, as madrastas e o próprio ambiente no qual a brincadeira ocorre podem adquirir significados diferentes dos originais do desenho. Portanto, antes de formular críticas tenazes com relação aos brinquedos e aos desenhos animados de uma forma geral, seria preciso indagar (e pesquisar) sobre como são incorporados mimeticamente aos jogos pelas crianças.

Qual o significado do brincar de princesas para as próprias meninas que brincam e para a formação de seu *self*? Qual o papel dos processos miméticos na manutenção desses significados? Porque essa brincadeira exerce um poder de atração mais forte sobre algumas meninas? Será que a figura da princesa aparece nas brincadeiras infantis carregada do mesmo teor de futilidade e consumismo que simboliza no mundo adulto? A imagem da princesa encontra-se aprisionada dentro dos limites da esfera privada e doméstica, reproduzindo estereótipos de gênero quanto ao lugar da mulher em nossa sociedade?

Cada uma das meninas que brincava de princesas afirmou ter preferências por uma princesa específica, mas na hora da brincadeira observei que muitas vezes trocaram os papéis. As justificativas para gostarem de tais princesas foi normalmente a beleza, mas na hora de brincar elas pareciam vivenciar outras coisas além disso. Não se falava em roupas, cores, penteados, cabelos, maquiagem; o máximo que faziam era exibir o corpo como se fossem belas, ou mexer nos cabelos.

---

cit.; Cf. Teixeira, F. B. *Brinquedos e Brincadeiras Infantis*. Entre diferenças e desigualdades. *Op. cit.*

Havia uma ambiguidade no que diz respeito à beleza das princesas. Por um lado, ser bela (de acordo com os padrões de beleza predominantes em nossa sociedade – branca, magra etc.) era um pré-requisito fundamental para qualquer princesa, mas, no momento do jogar, essa imagem de beleza permanecia em um âmbito imaginário e silenciado. Havia como que uma espécie de consenso entre elas a respeito da imagem da princesa, só que um consenso tácito. As princesas não saíam para comprar vestidos, não ficavam horas em casa ou no salão de beleza se maquiando e fazendo o cabelo. E como a brincadeira funcionava no âmbito da imaginação coletiva, mesmo que muitas das meninas não correspondessem ao padrão de beleza imaginado, era possível brincar sem esse tipo de hierarquização, porque na imaginação todas eram belas, e para imaginar é preciso estabelecer uma relação de distanciamento com o mundo do "real", com as imagens desse mundo, ou articulá-las de maneiras diferentes das "originais".

Pode-se concluir, no que se refere aos estereótipos de gênero, que a brincadeira de princesas recusa apenas parcialmente os padrões de beleza feminina predominantes em nossa cultura, pois por mais que o seja apenas de uma maneira imaginária e silenciada, ainda assim eles permanecem. Também não flexibiliza sua estrutura a fim de permitir a participação de masculinidades ou de outras feminilidades de forma ativa.

Apesar disso, pode-se concluir também que os processos miméticos presentes no jogar proporcionam o rompimento com uma série de outros estereótipos de gênero, que tentam circunscrever maneiras típicas de jogar de meninas, baseadas em um par de oposições entre estruturas dos jogos femininos e estruturas dos jogos masculinos, ainda justificados por muitos autores. Tais oposições definem jogos femininos e masculinos segundo os seguintes critérios: jogos de caráter privado X jogos de caráter público; poucos movimentos X proezas físicas, domínio do espaço; temáticas da vida cotidiana, doméstica X temáticas da vida pública, aventuras; etc. – e os jogos femininos se enquadrariam naquilo que aparece como passivo e doméstico.

Desse modo, pode-se afirmar que certas características da Barbie (e das princesas em geral), tais como a beleza, a vaidade e o consumo aparecem no jogar, porém articuladas a outros elementos, como aos movimentos de pega-pega, aos materiais e ao espaço físico (galhos, árvores, gramado, tronco) disponíveis. Dessa forma, ao articular elementos provenientes de fontes diversas, os processos miméticos presentes no brincar de princesas permitem que seja possível falar em criatividade e não apenas em reprodução de elementos da dimensão cotidiana, como certos estereótipos de gênero. Isso demonstra que os mal-entendidos benjaminianos revelam-se no brincar de princesas na medida em que a imagem das princesas foi em parte modificada pelas meninas em seu jogar, isto é, foi "mal-entendida", compreendida de maneiras diversas (bem como os objetos e ambientes utilizados nos jogos).

A brincadeira de princesas demonstra que, embora inspirada em uma temática dotada de diversos elementos conservadores, suas personagens circulam entre os espaços públicos e privados (eu diria que permanecem mais tempo nos públicos), vivem aventuras, correm por um vasto ambiente, movimentam-se bastante, precisam ter agilidade e rapidez para fugir, são independentes, criativas etc.

Ao mesclarem na imagem da princesa a beleza, a fantasia, a delicadeza, as aventuras, a independência, as atividades domésticas, experimentam maneiras de jogar enquanto meninas que não são totalmente fixas e nem polares em relação aos "jogos de meninos". Procurei demonstrar que, mesmo nos jogos desse grupo de meninas – o grupo que mais parecia aderir a uma feminilidade em conformidade com diversos estereótipos de gênero –, é possível perceber essas rupturas. Pensar a brincadeira de princesas como permeada por processos miméticos significa afirmar que, ao estabelecer novas relações entre diferentes esferas e ordens de ações – a esfera pública, a esfera privada, os movimentos corpóreos, a linguagem, os contos de fadas, os desenhos animados, os galhos, as árvores –, estabelecem um entrelaçamento singular, único, entre esses diversos elementos, e precisamente isso são processos de socialização.

Desse modo, a brincadeira de princesas atua na formação do *self* das jogadoras, de forma que suas identidades enquanto meninas sejam formadas levando em conta essas dimensões variadas, possibilitando o desenvolvimento de feminilidades não-fixas e livres de certos estereótipos de gênero. As mesmas meninas que brincavam de princesas na escola, quando indagadas a respeito do seu jogar fora da escola, demonstraram possuir interesses muito variados, como jogar vídeo-game ou andar de bicicleta. Isso revela a diversidade (temática e estrutural) presente nas experiências lúdicas dessas meninas, portanto, presentes na formação de seus *selves*.

É interessante perceber ainda que, ao jogar, todas elas eram princesas (nenhuma delas era só bruxa, ou só madrasta), o que demonstra uma identificação e solidariedade grupal muito forte, pois havia papéis de princesas para todas. Indica ainda uma relação de autodistanciamento que, com o intuito de possibilitar o jogar coletivo, não permitia que houvesse uma única menina com o privilégio de ser "a princesa". E como a regra da brincadeira era que todas fossem princesas, e como

Jogo, mimese e socialização 219

todas as princesas – na concepção delas – eram belas, essas regras funcionavam como atos de autodistanciamento que controlavam as desigualdades de habilidades entre as jogadoras; neste caso, controlavam ou "igualavam" as desigualdades físicas no momento do jogo, no plano da imaginação.

Ao jogarem coletivamente, as meninas-princesas estabeleceram relações de interdependência que revelaram-se fundamentais tanto para o próprio jogo – uma jogadora individual não podia, sozinha, dar sentido ao jogo, mas juntas atuavam de maneira que se estabelecesse um equilíbrio elástico e mutável de poder entre elas – como também para os seus processos de socialização e contrução dos seus *selves* individuais. Brincar de princesas significava pertencer a um determinado grupo de meninas, diferente de todos os outros grupos (femininos, masculinos ou mistos); uma de suas peculiaridades era exatamente o gosto por tal brincadeira. Isso era tão forte que, muitas vezes, outras meninas, ao se referirem a elas, diziam: "A Priscila? Aquela que brinca de princesas?"[32] As relações de interdependência entre as jogadoras estabelecidas nesse jogo e para além dele atuavam, nos termos de Mead, como uma parte específica do outro generalizado para cada uma dessas meninas, e contribuía para a construção de seus *selves* enquanto seres individuais que tomam parte nesse grupo. Essa parte singular do outro generalizado funcionava como um orientador de condutas e de ações, como um "outro" no qual elas podiam se apoiar para saber

---

32 A mesma Priscila que, segundo ela mesma, na vizinhança (uma outra parte constituinte do "outro generalizado" dessa menina), era conhecida como "Aquela que gosta de andar de bicicleta".

quem eram individualmente, e que ao mesmo tempo fazia com que se sentissem parte de uma rede de inter-relações.

* * *

As análises dos jogos procuraram demonstrar de forma mais concreta as maneiras pelas quais as características do jogar desenvolvidas no Capítulo 1 (Parte 1) e os processos miméticos estão presentes e estruturam o jogar; na análise da brincadeira de princesas procurei enfatizar a presença de todas elas. Além disso, o brincar de princesas foi utilizado como um exemplo da importância do jogar infantil coletivo para a construção do *self* e demonstra como é fundamental, para uma sociologia da infância, atentar para as interações entre crianças – dimensão preeminente dos processos de socialização infantil. Na análise dessa brincadeira específica procurei abordar diretamente meu problema de pesquisa – as relações entre jogo infantil coletivo e processos de socialização, e o papel dos processos miméticos nessas relações. Em diversos outros jogos observados, também encontrei aspectos relevantes para analisar tais relações e a formação do *self* na infância, como em brincadeiras de perseguição de um grupo específico de meninos realizadas em vários recreios por semana, ou um segundo grupo de meninos que tinham no futebol o traço predominante do seu jogar; mas o brincar de princesas, da maneira como foi observado e descrito, permitiu desenvolver melhor essas questões em comparação a outros jogos.

Os processos miméticos presentes no jogar permitem às crianças assemelharem-se a diversos elementos constituintes de sua cultura para dessa forma conhecerem e produzirem essa mesma cultura, isto é, socializarem-se e desenvolverem o seu *self* individual. Vários jogos demonstram essa dimensão socializadora dos processos miméticos no jogar infantil, como as brincadeiras de "lutinhas". As lutas e guerras são uma dimensão constituinte de nossa cultura[33] e, assim como outras dimensões, são apropriadas mimética e seletivamente pelas crianças em seu jogar. No brincar de lutinhas, as crianças confrontam-se com uma parte da cultura na qual estão inseridas e, nesse sentido, socializam-se. Brincar de lutinhas não significa necessariamente a execução de atos violentos; por tratar-se de uma performance permeada pela faculdade mimética, funciona também como um encontro com a violência em nível simbólico. Desse modo, assim como a manipulação de uma arma de brinquedo não é, em si, um ato violento, mas sim a *representação* ou a *performance* de um ato violento, o mesmo pode ser dito a respeito das lutinhas. As lutinhas, tal como o jogo de guerra, permitem às crianças experienciarem a agressividade de modo "legítimo", possibilitam passar simbolicamente (e performaticamente) pela experiência da violência.[34] Esse encontro simbólico ocorre, porém, não em um plano paralelo, mas é parte constituinte do mundo social e, portanto, uma dimensão concreta dos processos de socialização.

Ao experienciarem na forma de jogo elementos culturais variados, as crianças desenvolvem seu *self*; e personagens da fantasia que aparecem nos jogos atuam muitas vezes como "intermediários" nesse desenvolvimento. Se para Benjamin o assemelhar-se a figuras

---

33 Por mais que para o senso comum elas possuam, em grande parte, um sentido negativo.

34 Cf. Brougère, Gilles E. *Brinquedo e cultura*. Op. cit.

estranhas, misteriosas e até monstruosas como o Corcundinha e a *Mummerehlen* foi fundamental para o desenvolvimento de seu *self*, as crianças que observei jogando, ao assemelharem-se a personagens como a Loira Burra ou o assassino, também construíram o seu *self* nesse jogar. A figura do assassino poderia ser interpretada de maneira semelhante à da Loira Burra, como algo assustador, misterioso, deformado, como uma maneira de experimentar (assumir ou assemelhar-se a) papéis variados e extremos (como no caso das lutinhas) constituintes de nossa cultura. E sempre que as crianças, ao jogar, assumem esses papéis, esvaziam o seu eu, distanciam-se de si mesmas, socializam-se (produzem e reproduzem a sociedade) e encontram e desenvolvem uma nova face de seu *self*.

Referências bibliográficas

AB'SABER, Tales. „De pokémons e da psicanálise". *Caderno Mais!*, Folha de São Paulo, São Paulo, 30/04/2000.

AGAMBEN, Giorgio. *Infância e história*. Destruição da experiência e origem da história. [1978], Belo Horizonte: Editora UFMG, 2005.

_____. *Profanierungen*. Frankfurt am Main: Suhrkamp, 2005.

ALLEN, David. "Is Childhood Disappearing?" In: *Studies in Social and Political Thought*. n. 6, March 2002.

AURÉLIO. *Dicionário eletrônico*. Rio de Janeiro: Nova Fronteira, 1991.

AZEVEDO, Tânia M. C. *Brinquedos e Gênero na Educação infantil*. Um estudo do tipo etnográfico no estado do Rio de Janeiro. Tese de Doutorado apresentada à Faculdade de Educação da Universidade de São Paulo, São Paulo, 2003.

BALKE, Eva. *Play and culture*. Unesco, 1987.

BALLY, Gustav. *Von Ursprung und den Grenzen der Freiheit*. Deutung des Spiels bei Mensch und Tier. Basel: Benno Schwabe, 1945.

BANDET, Jeanne; SARAZANAS, Rejane. *A criança e os brinquedos*. São Paulo: Editorial Estampa, 1973.

BATESON, Gregory. "About games and being serious"; "A theory of play and fantasy". [1955], In: *Steps to an Ecology of mind*. Chicago: The University of Chicago Press, 2000.

BAUER, Ulrich. "Selbst – und/oder Fremdsozialisation: zur Theoriedebatte in der Sozialisationsforschung. Eine Entgegnung auf Jürgen Zinnecker. In: *Zeitschrift für Sozialisationsforschung und Erziehungssoziologie*. Heft 2, 2002.

BECKER-BECK, Ulrike. *Soziale Interaktion in Gruppen*. Struktur und Prozessanalyse. Opladen: Westdeutscher Verlag, 1997.

BENJAMIN, Walter. "A doutrina das semelhanças". [1933], "A imagem de Proust". [1929], "O Narrador". [1936], In: *Obras Escolhidas 1 - magia e técnica, arte e política*. São Paulo: Brasiliense, 1985.

_____. "Brinquedos e jogos". [1928], "Visão do livro infantil". [1926], "Rua de mão única". [1926-1928], "História cultural do brinquedo". [1928], In: *Reflexões: a criança, o brinquedo, a educação*. São Paulo: Duas Cidades e Ed. 34, 2002.

_____. *Gesamelte Schrifften*. [1938], Bd. VII 1, Frankfurt am Main: Suhrkamp, 1989.

_____. *Infância em Berlim por volta de 1900*. [1932-1938], São Paulo: Brasiliense, 1987.

BERGER, Peter; LUCKMANN, Thomas. *A construção social da realidade*. [1967], Petrópolis: Vozes, 1983.

BOMTEMPO, Eda. *Psicologia do Brinquedo*. São Paulo: Edusp & Nova Stella, 1986.

BOURDIEU, Pierre. "A dominação masculina". In: *Educação e realidade*. v. 20, n.2, jul./dez., 1995, p. 132-184.

_____. "O conhecimento pelo corpo". *In: Meditações pascalianas*. Rio de Janeiro: Bertrand, 2001, p. 157-198.

BROUGÈRE, Gilles E. *Brinquedo e cultura*. São Paulo: Cortez, 1995.

_____. *Brinquedo e companhia*. São Paulo: Cortez, 2004.

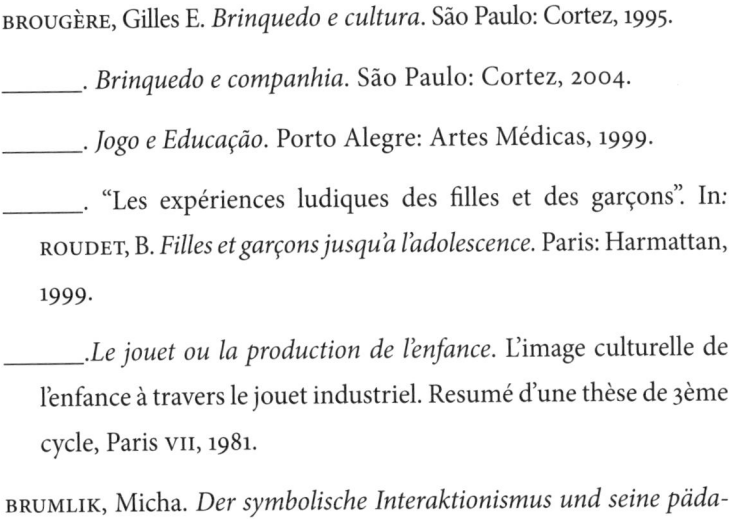

_____. *Jogo e Educação*. Porto Alegre: Artes Médicas, 1999.

_____. "Les expériences ludiques des filles et des garçons". In: ROUDET, B. *Filles et garçons jusqu'à l'adolescence*. Paris: Harmattan, 1999.

_____.*Le jouet ou la production de l'enfance*. L'image culturelle de l'enfance à travers le jouet industriel. Resumé d'une thèse de 3ème cycle, Paris VII, 1981.

BRUMLIK, Micha. *Der symbolische Interaktionismus und seine pädagogische Bedeutung*. Frankfurt am Main: Fischer, 1973.

BRUNER, Jérôme S. *Child's talk*. Learning to use language. Nova York: W.W. Norton & Co., 1983.

BUYTENDIJIK, F. J. J. *Wesen und Sinn des Spiels*. Das Spiel der Menschen und der Tiere als Erscheinungsform der Lebenstriebe. Berlim: Wolff, 1933.

CAILLOIS, Roger. *Les jeux et les hommes*. La masque et le vertige. [1950], Paris: Gallimard, 1967.

CARVALHO, Ana M. A; MAGALHÃES, Celina M. C; PONTES, Fernando A. R; BICHARA, Ilka. *Brincadeira e Cultura*: Viajando pelo Brasil que brinca. vol 1- vol.2. São Paulo: Casa do Psicólogo, 2003.

CARVALHO, Marília P. "Mau aluno, boa aluna? Como as professoras avaliam meninos e meninas". In: *Estudos Feministas*. Florianópolis, vol. 9, n. 2, 2001, p. 554-574.

CASCUDO, Luís C. *Literatura oral no Brasil*. São Paulo: Edusp, 1984.

CHATEAU, Jean. *Das Spiel des Kindes*. Natur und Diziplin des Spielens nach dem dritten Lebensjahr. Paderborn: Westfalen-Druckerei, 1969.

_____. *Le jeu de l'enfant*. Introduction a la pédagogie. Paris: Librairie Philosophique J. Vrin, 1946.

_____. *Le réel et l'imaginaire dans le jeu de l'enfant*. Essai sur la genèse de l'imagination. Paris: Librairie Philosophique J. Vrin, 1946.

CHRISTENSEN, P.; JAMES, A. (orgs.). *Research with children: perspectives and practices*. Londres: Falmer Press, 2000.

CONNELL, Robert W. "Políticas de masculinidade". In: *Educação e realidade*. Porto Alegre, vol.2, n. 20, jul./dez., 1995, p. 185-206.

_____. "La organización social de la masculinidad". In: VALDÉS, T.; OLAVARIA, J. *Masculinidad/es*: poder y crisis. Santiago: Isis International, 1997.

_____. "Disruptions: improper masculinities and schooling". In: KIMMEL, M. S., MESSNER, M. A. (orgs.) *Men's lives*. Boston: Allyn and Bacon, 1997.

CORSARO, William. "Interpretative reproduction in childrens peer cultures". In: *Social Pyichology Quarterly*, vol. 55, n. 2, 1992 p. 160-177.

_____. *The sociology of childhood*. Thousand Oaks: Pine Forge Press, 1997.

_____."Young children's conception of status and role". In: *Sociology of education*. Bloomington, Indiana University, vol. 52, 1979 p. 46-59.

COURTÉS, Joseph. *Introduction à la sémiotique narrative et discursive*. Paris: Hachette, 1976.

CRUZ, Tânia M. *Meninas e meninos no recreio*. Gênero, sociabilidade e conflito. Tese de Doutorado apresentada à Faculdade de Educação da Universidade de São Paulo, São Paulo, 2004.

DELGADO, A. C. C.; MÜLLER, F. "Sociologia da infância: pesquisa com crianças". (Apresentação) In: *Educação e Sociedade*. Campinas, vol. 26, n. 91, maio/ago., 2005, p. 351-360

DUBAR, Claude. *A socialização*. Construção das identidades sociais e profissionais. Porto: Porto Editora, 1997.

DUBET, Francois. *A sociologia da experiência*. Lisboa: Instituto Piaget, 1996.

DURKHEIM, Emile. *Educação e sociologia*. [1922], São Paulo: Melhoramentos, 1967.

_____. *Lições de sociologia*. A moral, o direito e o estado. [1950], São Paulo: T/A Queirós, 1983.

ELIAS, Norbert. *Was ist Soziologie?* [1970], Weinheim und München: Juventa, 1993.

_____. *Die Gesellschaft der Individuen*. [1939], Frankfurt am Main: Suhrkamp, 1987.

ELKONIN, D. B. *Psicologia Del juego*. Ciudad de Habana: Editorial Pueblo y Educacion, 1984.

EPSTEIN, Debbie; KEHILY, Mary; MAC and GHAHILL, Maírtin; REDMAN, Peter. "Boys and girls come out to play. Making masculinities and femininities in school playgrounds". In: *Man and masculinities*. vol. 4, n. 2, 2001 p. 158-172.

ERIKSON, Erik H. *Kindheit und Gesellschaft*. [1965], Stuttgart: Klett-Cotta, 1992.

FABES, Richard A.; MARTIN, Carol L.; HANISH, Laura D. "Young children's play qualities in same –, other – and mixed-sex peer groups". In: *Children development*. vol. 74, no. 3, 2003 p. 921-932.

FARIA, Ana Lúcia G. "A contribuição dos parques infantis de Mário de Andrade para a construção de uma pedagogia da educação infantil." In: *Educação e sociedade*. Campinas, n. 69, 2000, p. 60-91.

_____. *Cadernos Cedes 56*. Infância e educação: as meninas. Campinas: Centro de Estudos Educação e Sociedade, 2002.

_____. DEMARTINI, Zeila B. F.; PRADO, Patrícia D. (orgs.). *Por uma cultura da infância*: metodologias de pesquisa com crianças. Campinas: Editores associados, 2002.

FASS, Paula S. (ed.). *Encyclopedia of children and childhood in history and society*. Nova York: MacMillan, 2003.

FERNANDES, Florestan. "As trocinhas do Bom Retiro". In: *Revista do arquivo municipal*, ano XII, vol. CXIII, mar./abr., 1947.

FERRETTI, Celso João. *O filme como elemento de socialização na escola*. 2ª.edição. São Paulo: FDE, Diretoria Técnica, 1993.

FINCO, Daniela. *Faca sem ponta, galinha sem pé, homem com homem, mulher com mulher*. Relações de gênero nas brincadeiras de meninos e de meninas na pré-escola. Dissertação de Mestrado apresentada à Faculdade de Educação, Universidade de Campinas (Unicamp), Campinas, 2004.

FINE, G. A. *Shared fantasy*: role-playing games as social worlds. Chicago: University of Chicago Press, 1983.

FINK, Eugen. *Oase des Glücks*. Gedanken zu einer Ontologie des Spiels. München: K. Alber, 1957.

_____. *Spiel als Weltsymbol*. Stuttgart: W. Kohlhammer, 1960.

_____. (org.). *Grundphänomene des menschlichen Daseins*. [1979], Freiburg in Breisgau: Alber, 1995.

FLITNER, Andreas (org.). *Das Kinderspiel*. [1973], München: Piper, 1998.

_____. (org.). *Spielen-Lernen*. Praxis und Bedeutung des Kinderspiels. [1972], München: Piper, 1982.

FORSCHUNG und Information, Band 4. Das Spiel. Berlim: Colloquium-Verlag, 1983.

FORRESTER, Michael A. "Appropriating cultural conceptions of childhood. Participation in conversation". In: *Childhood*. Londres: Thousand Oaks; Nova Delhi: Sage Publications, vol. 9, 2002 p. 255-276.

FOURNIEL, Eduard. *Histoire des jouets et des jeux*. Paris: Dentu editeurs, 1989.

FRÖBEL, Friedrich W. A. *A educação do homem*. [1891], Passo Fundo: UPF, 2001.

FROBENIUS, Leo. *Paideuma*. Umrisse einer Kultur – und Seelenlehre. München: Beck, 1921.

GAGNEBIN, Jeanne Marie. "A criança no limiar do labirinto". In: *História e narração em W. Benjamin*. São Paulo: Perspectiva, 1994.

GEBAUER, Gunter; WULF, Cristoph. *Mimesis. Kultur, Kunst, Gesellschaft*. Hamburg: Rowohlts, 1992.

_____. *Spiel, Ritual, Geste*. Mimetisches Handeln in der sozialen Welt. Hamburg: Rowohlts, 1998.

GEERTZ, Clifford. "Pessoa, Tempo e Conduta em Bali." [1973], In: *Interpretação das Culturas*. Rio de Janeiro: Zahar, 1978.

GEFEN, Alexandre (org.). *La mimèsis*. Manchecourt: Flammarion, 2002.

GEHLEN, A. *Der Mensch*. Athenaion: Wiesbaden, 1976.

GILGENMANN, Klaus. "Autopoiesis und Selbstsozialisation. Zur systemtheoretischen Rekonstruktion von Sozialisationstheorie". In: *Zeitschrift für Sozialisationsforschung und Erziehungssoziologie*. Heft 1, 1986.

GINZBURG, Carlo. *Olhos de madeira*. Nove reflexões sobre a distância. São Paulo: Compania. das Letras, 2001.

GOFFMAN, Erving. *Behavior in public places*. Notes on the social organization of gatherings. [1963], Nova York: The Free Press, 1966.

_____. *Encounters*. Two studies in the sociology of interaction. [1961], Indianapolis: Bobbs-Merrill, 1966.

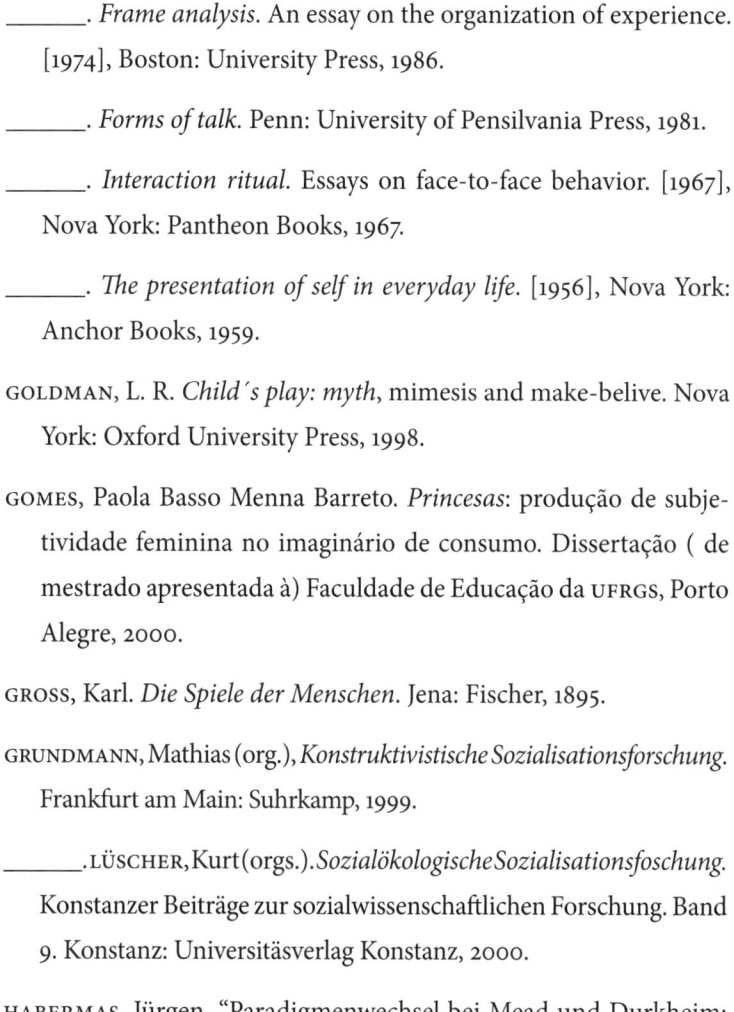

_____. *Frame analysis*. An essay on the organization of experience. [1974], Boston: University Press, 1986.

_____. *Forms of talk*. Penn: University of Pensilvania Press, 1981.

_____. *Interaction ritual*. Essays on face-to-face behavior. [1967], Nova York: Pantheon Books, 1967.

_____. *The presentation of self in everyday life*. [1956], Nova York: Anchor Books, 1959.

GOLDMAN, L. R. *Child´s play: myth*, mimesis and make-belive. Nova York: Oxford University Press, 1998.

GOMES, Paola Basso Menna Barreto. *Princesas*: produção de subjetividade feminina no imaginário de consumo. Dissertação (de mestrado apresentada à) Faculdade de Educação da UFRGS, Porto Alegre, 2000.

GROSS, Karl. *Die Spiele der Menschen*. Jena: Fischer, 1895.

GRUNDMANN, Mathias (org.), *Konstruktivistische Sozialisationsforschung*. Frankfurt am Main: Suhrkamp, 1999.

_____.LÜSCHER, Kurt (orgs.). *Sozialökologische Sozialisationsfoschung*. Konstanzer Beiträge zur sozialwissenschaftlichen Forschung. Band 9. Konstanz: Universitäsverlag Konstanz, 2000.

HABERMAS, Jürgen. "Paradigmenwechsel bei Mead und Durkheim: Von der Zwecktätigkeit zum kommunikativen Handeln". In: *Theorie des kommunikativen Handelns*. Zur Kritik der funktionalistischen Vernunft. [1981], Band 2, Frankfurt am Main: Suhrkamp, 1988.

_____. "Stichworte zu einer Theorie der Sozialisation". [1968], In: *Kultur und Kritik*. Frankfurt am Main: Suhrkamp, 1973.

HARDMAN, Charlotte. "Can there be an anthropology of children?" In: *Childhood*. Londres: Thousand Oaks and New Delhi, Sage Publications, vol. 8, 2001 p. 501-517.

HEIDERMAN, Ingeborg. *Der Begriff des Spieles und das ästhetische Weltbild in der Philosophie der Gegenwart*. Berlim: W. de Gruyter, 1968.

HENGST, Heinz; ZEIHER, Helga (orgs.). *Kindheit soziologisch*. Wiesbaden: VS – Verlag für Sozialwisseschaften, 2005.

HILLMANN, Karl-Heinz. "Sozialisation". In: *Wörterbuch der soziologie*. Stuttgart: Kröner, 1994.

HOFF, Ernst. "Sozialisation al Entwicklung der Beziehnug zwischen Person und Umwelt". In: *Zeitschrift für Sozialisationsforschung und Erziehungssoziologie*. Heft 1, 1981.

HUIZINGA, Johan. *Homo ludens*. O jogo como elemento da cultura. [1938], São Paulo: Perspectiva, 1973.

HURRELMANN, Klaus. *Einführung in die Sozialisationstheorie*. Über den Zusammenhang von Sozialstruktur und Persönlichkeit. Weinheim und Basel: Beltz, 1995.

_____.; MÜRMANN, Martin; WISSINGER, Jochen. "Persönlikhe itsentwicklung als produktive Realitätsverarbeitung" Die interaktions – und handlungstheoretische Perspektive in der Sozialisationsforschung". In: *Zeitschrift für Sozialisationsforschung und Erziehungssoziologie*. Heft 1, 1986.

_____; ULICH Dieter (org.). *Neues Handbuch der Sozializationsforschung*. Weinheim und Basel: Beltz, 1991.

JAMES, A.; PROUT, A. *Constructing and reconstructing childhood*. Londres: Falmer, 1997.

JARDIM, Cláudia S. *Brincar*. Um campo de subjetivação na infância. São Paulo: Annablume, 2003.

JAVEAU, C. "Criança, infância (s), crianças: Que objetivo dar a uma ciência social da infância?" In: *Educação e Sociedade*. Campinas, vol. 26, n. 91, Maio/Ago., 2005, p. 379 - 389.

JOAS, Hans. *Die Kreativität des Handelns*. Frankfurt am Main: Suhrkamp, 1996.

_____. *Praktische Intersubjektivität*. Die Entwicklung des Werkes von G. H. Mead. [1979], Frankfurt am Main: Suhrkamp, 2000.

JORDAN, Ellen; COWAN, Angela. "Warrior narratives in the kindergarten classroom: renegotiating the social contract?" In: KIMMEL, M. S.; MESSNER, M. A. (orgs.). *Men's lives*. Boston: Allyn and Bacon, 1997.

JÜNGER, Friedrich G. *Die Spiele*. Ein Schlussel zu ihrer Bedeutung. Frankfurt am Main: Klostermann, 1953.

KELLE, Helga. "The discourse of 'development'. How 9 – to 12-year-old children construct 'childish' and 'furher developed' identities within their peer cultures". In: *Childhood*. Londres: Thousand Oaks and New Delhi, Sage Publications, vol. 8, 2001, p. 95-114.

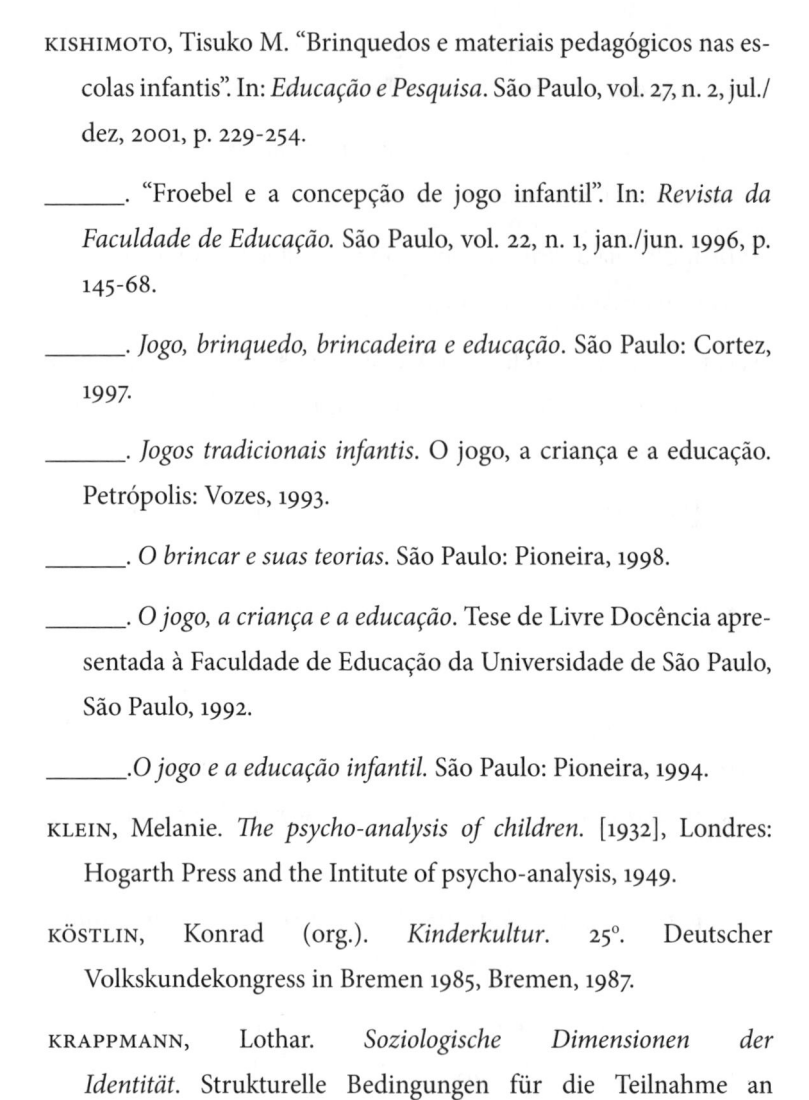

KISHIMOTO, Tisuko M. "Brinquedos e materiais pedagógicos nas escolas infantis". In: *Educação e Pesquisa*. São Paulo, vol. 27, n. 2, jul./dez, 2001, p. 229-254.

_____. "Froebel e a concepção de jogo infantil". In: *Revista da Faculdade de Educação*. São Paulo, vol. 22, n. 1, jan./jun. 1996, p. 145-68.

_____. *Jogo, brinquedo, brincadeira e educação*. São Paulo: Cortez, 1997.

_____. *Jogos tradicionais infantis*. O jogo, a criança e a educação. Petrópolis: Vozes, 1993.

_____. *O brincar e suas teorias*. São Paulo: Pioneira, 1998.

_____. *O jogo, a criança e a educação*. Tese de Livre Docência apresentada à Faculdade de Educação da Universidade de São Paulo, São Paulo, 1992.

_____.*O jogo e a educação infantil*. São Paulo: Pioneira, 1994.

KLEIN, Melanie. *The psycho-analysis of children*. [1932], Londres: Hogarth Press and the Intitute of psycho-analysis, 1949.

KÖSTLIN, Konrad (org.). *Kinderkultur*. 25º. Deutscher Volkskundekongress in Bremen 1985, Bremen, 1987.

KRAPPMANN, Lothar. *Soziologische Dimensionen der Identität*. Strukturelle Bedingungen für die Teilnahme an Interaktionsprozessen. [1969], Stuttgart: Klett-Cotta, 2000.

KUTZNER, Heinrich. *Erfahrung und Begriff des Spiels*. Eine religionswissenschaftliche, metapsychologische und gesellschaftskritischen Untersuchung. Bonn: Bouvier, 1975.

LEAVERS, Ferre. "L'education expérientielle: l'implication de l'enfant, un critére de qualité". In: RAYNA, Sylvie; BROUGÈRE, Gilles. *Traditions et innovations dans l'education préscolaire. Perspectives internationales*. Paris: INRP, 2000.

LEBOVICI, Serge; DIATKINE, René. *Significado e função do brinquedo na criança*. Porto Alegre: Artes Médicas, 1985.

LIMA, Luiz Costa. *Mímesis*: desafio ao pensamento. Rio de Janeiro: Civilização brasileira, 2000.

LOPES, Maria da Glória. *Jogos na educação*: criar, fazer, jogar. São Paulo: Cortez, 2000.

LOURO, Guacira L.; NECKEL, Jane F.; GOELLNER, Silvana V. (orgs.). *Corpo, gênero e sexualidade*: um debate contemporâneo na educação. Petrópolis: Vozes, 2003.

LUCKESI, Cipriano C. (org.). *Educação e ludicidade* (Ensaios 01). Salvador: Gepel, 2000.

LUHMANN, Niklas. *Soziologische Aufklärung 4*. Beiträge zur funktionalen Differenzierung der Gesellschaft. Opladen: Westdeutscherverlag, 1987.

MALINOWSKI, Bronislaw. "Introdução, Tema, Método e Objetivo da Pesquisa". In: *Argonautas do Pacífico Ocidental*. [1922], São Paulo: Editora Abril, 1978.

MANSON, Michel. *A história do brinquedo*. Lisboa: Teorema, 2002.

MARCELLINO, Nelson C. *Pedagogia da animação*. São Paulo: Papirus, 2002.

MAYALL, B. *Towards a sociology for childhood*: thinking from children's lives. Philadelphia: Open University Press, 2002.

MCCARTHY, Dougle; DAS, Robin. "The cognitive and emotional significance of play in child development. George Herbert Mead and Donald W. Winnicott". In: HAMILTON, Peter. *George H. Mead*. Critical assessments. Londres: Routledge, vol. 4., 1992, p. 239-256.

MCGUFFEY, C. S.; RICH, B. L. "Playing in the gender transgression zone. Race, class and hegemonic masculinity in middle childhood". In: *Gender and society*, vol. 13, 1999, p. 608-627.

MEAD, George Herbert. *Mind, self and society*. [1934], Chicago: The University of Chicago Press, 1952.

_____. "Pädagogik". In: *Gesammelte Aufsätze*. [1896-1910], Band I. Frankfurt am Main: Suhrkamp, 1980.

METSCHER, Thomas. *Mimesis*. Bielefeld: Transcript, 2004.

MOLLO-BOUVIER, S. "Transformação dos modos de socialização das crianças: uma abordagem sociológica". In: *Educação e Sociedade*. Campinas, vol. 26, n. 91, maio/ago., 2005, p. 391-403.

MONTANDON, C. "*Sociologia da infância*: balanço dos trabalhos em língua inglesa". In: *Cadernos de Pesquisa*, São Paulo, n. 112, mar., 2001.

MOURA, Maria Silvia L. R. *Não brinco mais*: a (des)construção do brincar no cotidiano educacional. Ijuí: Ed. da Unijuí, 2000.

MOURITSEN, Flemming. *Working paper*. Child and youth culture. Verdana: Arial Black and Bookman, Department of contemporary cultural studies, Odense University, 1998.

NELSON, Katherine; SEIDMAN, Susan. "El desarrollo del conocimiento social: jugando com guiones". In: TURIEL, E.; ENESCO, L.; LINIZA, L. *El mundo social en la mente infantil*. Madrid: Alianza editorial, 1989.

NICHOLSON, Linda. "Interpretando Gênero". In: *Estudos Feministas*. Florianópolis, vol. 8, n. 2, 2000, p. 9-41.

OEVERMANN, Ulrich. "Sozialisationstheorie. Ansätze zu einer soziologischen Sozialisationstheorie und ihre Konsequenzen für die allgemeine soziologische Analyse". In: LÜSCHEN, Günther (org.). *Deutsche Soziologie seit 1945*. Opladen: Westdeutscher, 1979, Sonderheft 21.

OLIVEIRA, Paulo S. *O que é brinquedo*. São Paulo: Brasiliense, 1989.

OPIE, Iona; OPIE, Peter. *Childrens games in street and playground*. [1969], Oxford: Oxford University Press, 1984.

OPITZ, Michael. "Ähnlichkeit". In: OPITZ, Michael; WIZISLA, Erdmut (orgs.). *Benjamins Begriffe*. Frankfurt am Main: Suhrkamp, 2000.

OTERO, Cristina C. *Jogos de Construção*: limites e possibilidades na educação infantil. Tese de Doutorado apresentada à Faculdade de Educação da Universidade de São Paulo, São Paulo, 2003.

_____. *O Jogo Infantil*: espaço pedagógico privilegiado. Dissertação de Mestrado apresentada à Faculdade de Educação da Universidade de São Paulo, São Paulo, 1996.

PARSONS, Talcott; BALES, R.F. *Family, socialisation and interaction process*. Londres: Routledge & Kegan Paul, 1955.

PELLEGRINI, Anthony D. (ed.). *The Future of Play Theory. A Multidisciplinary Inquiry into the Contributions of Brian Sutton-Smith*. State University of New York Albany, 1995.

PIAGET, Jean. *A formação do símbolo na criança. Imitação, jogo e sonho, imagem e representação*. [1945], Rio de Janeiro: Zahar, 1975.

PLAISANCE, E. "Para uma sociologia da pequena infância". In: *Educação e Sociedade*. Campinas, vol. 25, n. 86, Abril, 2004, p. 221-241.

PLESSNER, Helmuth. "Lachen und Weinen. Eine Untersuchung der Grenzen menschlichen Verhaltens." [1941], In: *Ausdruck und menschliche Natur*. Frankfurt am Main: Suhrkamp, 2003, p. 201-387.

_____. "Der imitatorische Akt". [1961], In: *Ausdruck und menschliche Natur*. Frankfurt am Main: Suhrkamp, 2003, p 446-457.

_____. "Der Mensch im Spiel" [1967], In: *Conditio Humana*. Frankfurt am Main: Suhrkamp, 2003, p. 307-313.

_____. "Spiel". In: *Handbuch der Sozialwissenschaften*. Stuttgart: Fischer/Mohr/Vandennoeck & Ruprecht, 1956, 9 Bd.

POPITZ, Heinrich. *Wege der Kreativität*. [1997], Tübingen: Mohr Siebeck, 2000.

PUNCH, Samantha. "Research with children. The same or different from research with adults? Wales" In: *Childhood*. Londres:

Thousand Oaks and New Delhi, Sage Publications, 2002, vol. 9, p. 321-341.

QVORTRUP, Jens. *Childhood and Children's Culture*. (ed.) Odense: Odense University Press, 2002.

_____. "Childhood matters: an introduction". In: QVORTRUP, J; BARDY, M.; SGRITTA, G.; WINTERSBERGER, H. (eds.). Childhood matters: social theory, practice and politics. Brookfield: Avebury, 1994, p. 1-23.

_____. (ed.). *Studies in Modern Childhood.* Society, Agency, Culture. Hampshire: Palgrave Macmillan, 2005.

REVISTA Veja. *Criança feliz, feliz a brincar*. 21 de fevereiro de 2007.

ROSA, Sanny S. *Brincar*: conhecer e ensinar. São Paulo: Cortez, 1998.

ROSEMBERG, Fulvia. "Caminhos cruzados: educação e gênero na produção acadêmica". In: *Educação e Pesquisa*. São Paulo, vol. 27, (1), jan./jun, 2001, p. 47-68.

_____. "Educação infantil, classe, raça e gênero". In: *Cadernos de Pesquisa*. São Paulo, Fundação Carlos Chagas, n. 96, fev. 1996.

ROUSSEAU, Jean-Jacques. *Émile ou de l'éducation.* [1762], Paris: Flammarion, 1966.

RUNKEL, Gunter. *Soziologie des Spiels.* Frankfurt am Main: Hain, 1986.

RÜSSEL, Arnulf. *Das Kinderspiel*. Grundlinien einer psychologischen Theorie. München: Beck, 1965.

SABAT, Ruth R. *Filmes infantis como máquinas de ensinar*. In: 25a Reunião da Associação Nacional de Pós-Graduação e Pesquisa em Educação – ANPEd, Caxambu (MG). Grupo de Trabalho Educação e Comunicação, 2002, p. 235-252.

_____. "Infância e gênero: o que se aprende nos filmes infatis?" In: *24a Reunião Anual da Associação Nacional de Pós-Graduação e Pesquisa em Educação – ANPEd, Caxambu (MG)*. 2001, p. 1-15.

SARMENTO, M. J. "Gerações e alteridade: Interrogações a partir da sociologia da infância". In: *Educação e Sociedade*. Campinas, Vol. 26, n. 91, maio/ago., 2005, p. 361-378.

SCHERR, Albert. "Sozialisation, Person, Individuum". In: SCHÄFERS, Bernhard. (org.). *Einführung in Hauptbegriffe der Soziologie*. Opladen: Leske und Budrich, 2002.

SCHEUERL, Hans. *Das Spiel*. Untersuchungen über sein Wesen, seine pädagogischen Möglichkeiten und Grenzen. [1954], Weinheim/ Basel: Beltz, 1973.

_____. *Das Spiel*. Theorien des Spiels. [1955], Weinheim und Basel: Beltz, 1975.

SCHILLER, Friedrich von. "Über die ästhetische Erziehung des Menschen in eine Reihe von Briefen". [1795], In: *Sämtlichen Werke*. München: Carl Hanser, 1993.

SCHROER, Markus. *Soziologie des Körpers*. Frankfurt am Main: Suhrkamp, 2005.

SCHWARTZMAN, Helen B. *Transformations*. The anthropology of children's play. Nova York: Plenum Press, 1978.

SCOTT, Kimberly A. "'You want to be a girl and not my friend' african-american/black girls'play activities with and without boys." In: *Childhood*. Londres: Thousand Oaks and New Delhi: Sage Publications, 2002, vol. 9, p. 397-414.

SCOTT, Joan. "Gênero: uma categoria útil de análise histórica". In: *Educação e Realidade*, vol. 20 n. 2, jul./dez. 1995.

SENNETT, Richard. *O declínio do homem público*. [1974], São Paulo: Compania. das Letras, 1989.

SETTON, Maria da Graça J. "A particularidade do processo de socialização contemporâneo". In: *Tempo Social. Revista de Sociologia da usp*. vol. 17, n. 2, nov/ 2005, p. 335-350.

SIMMEL, Georg. *Grundfragen der Soziologie*. [1917], Berlim, Nova York: Walter de Gruyter, 1984.

_____. *Philosophie des Geldes*. [1900] (Gesamtausgabe. Band 6), Frankfurt am Main: Suhrkamp, 1989.

_____. *Soziologie*. Untersuchungen über die Formen der Vergesellschaftung. [1908] (Gesamtausgabe. Band 11), Frankfurt am Main: Suhrkamp, 1992.

SIROTA, R. "Primeiro os amigos: Os aniversários da infância, dar e receber". In: *Educação e Sociedade*. Campinas, vol. 26, n. 91, maio/ago., 2005, p. 535-562.

SMITH, Fiona; BARKER, John. "Contested spaces. Children's experiences of out of school care in England and Wales" In: *Childhood*. Londres: Thousand Oaks and New Delhi, Sage Publications, 2000, vol. 7, p. 313-333.

STÜSSI, Anna. *Erinnerung an die Zukunft*. Walter Benjamins "Berliner Kindheit um Neunzehnhundert." Göttingen: Vandenhoeck & Ruprecht, 1977.

SUTTON-SMITH, Brian. *Dialetik des Spiels*. Eine Theorie des Spiels, der Spiele und des Sports. Schorndorf: Karl Hoffmann, 1978.

TAUSSIG, Michael. *Mimesis and alterity*. A particular history of the senses. Nova York: Routledge, 1993.

TEIXEIRA, F. B. *Brinquedos e Brincadeiras Infantis*. Entre diferenças e desigualdades. Dissertação de Mestrado, Programa de Pós Graduação da Universidade Federal de Uberlândia, Uberlândia, 2003.

TILLMANN, Klaus-Jürgen. *Sozialisationstheorien*. Eine Einführung in den Zusammenhang von Gesellschaft, Institution und Subjektwerdung. Hamburg: Rowohlts, 2001.

THORNE, Barrie. *Gender Play*. Girls and Boys in School. New Brunswick: Rutgers University Press, 1993.

_____. "Editorial. From silence to voice: bringing children more fully into knowledge". In: *Childhood*. Londres: Thousand Oaks and New Delhi: Sage Publications, 2002, vol. 9, p. 251-254.

VEIGA, Cláudia X. A. *Imagens sociais e culturais em brincadeiras de construção na educação infantil*. Dissertação de Mestrado apresentada à Faculdade de Educação da Universidade de São Paulo, São Paulo, 1991.

VEITH, Hermann. "Sozialisation als reflexive Vergesellschaftung". In: *Zeitschrift für Sozialisationsforschung und Erziehungssoziologie*. Heft 2, 2002.

VIANNA, Cláudia P. *Os nós do nós*. Crise e perspectivas da ação coletiva docente em São Paulo. São Paulo: Xamã, 1999.

_____; RIDENTI, Sandra. "Relações de Gênero e Escola: das diferenças ao preconceito." In: AQUINO, J. G. *Diferenças e preconceitos na escola*: alternativas teóricas e práticas. São Paulo: Summus, 1998.

VOSS, Laurie S. "Teasing, disputing and playing: cross-gender interactions and space utilization among first and third graders". In: *Gender and society*, vol. 11, 1997, p. 238-256.

VYGÓTSKY, Lev S. *A formação social da mente*. [1930-1966], São Paulo: Martins Fontes, 1987.

WAIZBORT, Leopoldo. *As aventuras de Georg Simmel*. São Paulo: Ed. 34, 2000.

WAIZBORT, Leopoldo. "Elias e Simmel". In: WAIZBORT, Leopoldo (org.). *Dossier Norbert Elias*. São Paulo: Edusp, 2000.

WAJSKOP, Gisela. *Brincar na pré-escola*. São Paulo: Cortez, 1995.

WALLON, Henri. *Do acto ao pensamento*. [1956], Lisboa: Portugalia, 1966.

WATZLAWICK, Paul; BEAVIN, Janet H; JACKSON, Don D. *Menschliche Kommunikation*. Bern: Huber, 1996.

WEBER, Max. "Die protestantische Ethik und der Geist des Kapitalismus". [1905/1920], In: *Gesammelte Aufsätze zur Religionssoziologie*. Tübingen: Mohr (Siebeck), 1988, Bd. 1, p. 17-206.

WERNER, Jenny. "Das Spiel der Kinder". In: *Kölner Vierteljahrhefte für Soziologie*. 5 Jg., 1925/26.

WETZEL, Tanja. "Spiel". In: BARCK, Karlheinz *et all*. (org.). *Ästhetische Grundbegriffe*. Stuttgart/Weimar: J.B. Metzler, 2000/2005, Band 5, p. 577-618.

WIESE, Leopold von. "As quatro categorias fundamentais: processo social, distância, espaço social e configuração social". [1933], In: BARRETO, Romano; WILLEMS, Emilio. *Leituras sociológicas*. São Paulo: Revista de sociologia, Série Ciências Socias, Vol. I, 1940.

WIESE, Leopold von. "Beziehungssoziologie". [1931], In: VIERKANDT, Alfred. *Handwörterbuch der soziologie*. Stuttgart: Ferdinand Enke Verlag, 1959.

WINNICOTT, Donald W. *Playing and reality*. Norfolk: Tavistock, 1971.

WITTGENSTEIN, Ludwig. *Investigações filosóficas*. [1936-1946], São Paulo: Abril Cultural, 1975.

WULF, Christoph (org.). *Vom Menschen*. Handbuch historische Anthropologie. Weinheim und Basel: Beltz, 1997.

ZEIHER, Helga. "Kinder in der Gesellschaft und Kindheit in der Soziologie". In: *Zeitschrift für Sozialisationsforschung und Erziehungssoziologie*, 16 Jg. 1996, H. 1, p. 26-46.

ZEIHER, Helga; BÜCHNER, Peter; ZINNECKER, Jürgen (orgs.). *Kinder als Außenseiter?* Umbrüche in der gesellschaftlichen Wahrnehmung von Kindern und Kindheit. Weinheim, 1996.

http://jangadabrasil.com.br/revista/galeria/ca79006f.asp

Apêndices

Apêndice A - Descrição das duas variações da brincadeira de assassino

Brincar de assassino na forma de teatrinho

O brincar de encenar a peça de teatro ocorre num cantinho do pátio externo da escola, nomeado por várias crianças "esconderijo". Ao "encenar" a peça, as crianças parecem ter escolhido somente suas cenas finais, isto é, as cenas que antecedem os assassinatos e a cena dos assassinatos. Iniciam o jogo com uma cena em que o personagem masculino liga um aparelho de som e dança de forma engraçada e as personagens femininas entram em cena, uma a uma, dançando. Em um determinado momento, o menino que deveria desempenhar o papel masculino se desentende com algumas meninas por não executar o seu papel da maneira como elas achavam que deveria ser e acaba chutando e xingando algumas delas; por isso, é expulso do jogo e uma das meninas assume o seu papel. A cena dos assassinatos acontece durante a dança, cada uma das personagens cai no chão, uma após a outra, até restar apenas a assassina. Essas cenas são repetidas inúmeras vezes ao longo do jogo, sofrendo algumas variações.

Brincar de assassino na forma de pega-pega + lutinha + teatro.

Participam desse jogo dois meninos e duas meninas. Talvez pelo fato de a assassina na peça de teatro pertencer ao sexo feminino, as meninas desempenham o papel de assassinas no jogar. O jogo inicia-se com um pega-pega; as meninas assassinas gritam: "Sou a assassina!" e perseguem os meninos, que por sua vez respondem: "A assassina está voltando!!!" ou "Oh assassina, não me mate!" e saem correndo. Depois, uma das meninas pega um pequeno pedaço de pau e sai correndo atrás dos meninos como se estivesse com uma arma, "Agora eu te pego, moleque!" Entram no pátio interno. Os meninos capturam uma delas e a prendem com uma corda. Ela se solta e começa uma perseguição dentro do pátio interno.

Um menino é pego e encena sua morte colocando a língua para fora. Em alguns momentos todos se unem pegando uns aos outros, o que mais parece uma luta de "todos contra todos", com um alternar de papéis entre assassinos e vítimas. Mas, quando se soltam, voltam a encarnar os mesmos papéis do início. Os meninos capturam uma das meninas e a arrastam, mas surge outra menina que bate neles com uma bolsa. As meninas começam então a usar bolsas como armas, girando-as pela alça (no pátio externo as armas eram paus). A partir daí ficam o resto do tempo em um entra e sai do banheiro feminino; os meninos ficam à espreita, lutam um pouco e depois voltam para a porta do banheiro feminino, sempre encenando.

Enquanto estavam no pátio externo, utilizaram mais espaços para correr longas distâncias, e seu jogar se aproxima mais de um pega-pega; já no pátio interno há um contato corporal mais intenso, pois o espaço é menor, se aproximando daquilo que as crianças denominam de brincar de lutinha. As meninas encarnam muito bem as personagens de assassinas, com gestos e expressões lentos e teatrais: abrem os braços lentamente e, de repente, correm na direção dos meninos. Utilizam também os espaços dos banheiros, onde os meninos não podem entrar. Meninas e meninos desempenham papéis específicos dentro desse jogo, marcando uma diferenciação sexual presente em muitos jogos. Mas quando o jogo atinge o seu auge, no momento em que realizam uma luta de "todos contra todos", a diferenciação sexual parece, por alguns minutos, não desempenhar um papel importante.

Apêndice B - Descrição de duas variações da brincadeira de princesas

1º. Exemplo

Algumas meninas e meninos iniciaram o recreio brincando com galhos (com ramificações e folhas nas extremidades) em um gramado localizado no extremo mais distante do prédio da escola. A princípio parece ser uma atividade de exploração das possibilidades de brincadeiras que os galhos ofereciam. Os meninos e algumas meninas começam a brincar fingindo que os galhos são espadas, golpeando uns aos outros mutuamente. Porém, em poucos minutos, os meninos transformam sua brincadeira em um pega-pega e se distanciam do gramado dos galhos. Já as meninas começam a "varrer" o chão com os galhos, simulando vassouras. Depois de pouco tempo "varrem" o tronco de uma grande árvore, afirmando estarem limpando a árvore.

Achego-me a elas e pergunto do que brincam; uma delas responde: "Hoje estamos brincando de princesa." Pergunto: "E quem é a princesa?" Ela responde: "Todas!" Pergunto novamente: "E do que as princesas brincam?" Ela: "Ah, de um monte de coisas."

Depois de alguns minutos observando, percebo como funciona a brincadeira. Cada menina é uma princesa: Polly, Barbie, Branca de Neve, Cinderela e Bela Adormecida. As princesas são as personagens centrais da brincadeira, mas para a brincadeira acontecer existem também outras personagens: as madrastas e a bruxa.

A menina que desempenha o papel da princesa Barbie desempenha alternadamente o papel da Barbie e o da bruxa. As madrastas são imaginárias. Cada princesa tem sua madrasta, mas a bruxa é uma só para todas. Suas vidas resumem-se em limpar a casa para agradar as madrastas (porque têm medo delas, pois são más), "filmar" (pois são princesas-atrizes) e, esporadicamente, fugir da bruxa. Pude detectar essa dinâmica através das seguintes falas (que se repetiam constantemente): "Ai, agora cansei (de limpar a árvore), vou fazer meu filme, tchau!"; "Eu tenho que ir para o estúdio, tchau!"; "Tchau, agora eu vou fazer um filme"; "Eu também!"; "Eu também!"; "Eu tenho que ir, minha madrasta está chegando!"; "Amiga, a madrasta vai pegar ela!"; "Vamos varrer, senão minhas amigas vão achar que eu não faço nada. Ai, já estou cansada!"; "A minha madrasta conhece a minha limpeza, preciso continuar!"; "Ah, a bruxa!" e saem correndo e gritando.

Ao mesmo tempo em que falam, correm pelo gramado, de um lado para o outro, para filmar, para voltar a varrer a árvore, e executam movimentos de fuga, tentando se esconder nos momentos em que a bruxa aparece. As madrastas não representam alguém de quem precisam fugir, mas apenas voltar a limpar a árvore arduamente (executam movimentos que representam o cansaço, como se estivessem sendo exploradas para além de suas forças). Mas quando vão "filmar" é como se tivessem, em um passe de mágica, se transformado em outras (como o sapatinho no pé da Cinderela que a transformava). Suas posturas, tons de voz e trejeitos parecem representar atrizes vaidosas e bem arrumadas, "prontas para brilhar". No momento da filmagem, cada princesa corre para um canto do pátio e "faz como se" estivesse filmando, e depois de pouco tempo voltam a correr.

No fim do recreio a estrutura da brincadeira transforma-se. Com a aparição de duas outras meninas – que não costumavam brincar de princesas com elas – e que aceitam ser uma a bruxa e a outra a madrasta (agora a madrasta é uma só para todas as princesas), a brincadeira transforma-se num pega-pega. A bruxa e a madrasta devem pegar as princesas e o "pique" é um enorme pedaço de ferro, três vezes mais alto do que elas, e só conseguem segurar de pé em trios, o que parece ser um desafio divertido. É um pique não fixo, pois elas podem, com uma certa dificuldade, andar com ele. Depois de alguns minutos o recreio chega ao fim e elas se veem obrigadas a parar de jogar, demonstrando um certo desapontamento.

2º. Exemplo

Várias meninas iniciam o recreio brincando de escorregar na rampa de skate, enquanto alguns meninos resolvem brincar de "espionar as meninas". Depois de rondarem a rampa, se escondendo e fazendo movimentos de espionagem com as mãos e com o tronco, os meninos decidem "invadir" a rampa, e se inicia uma brincadeira de "guerra", meninos X meninas. Cada lado da rampa pertence a um sexo, e a guerra acontece na parte inferior da rampa, que é neutra. Só que nesse dia as crianças são obrigadas a sair de lá porque há aula de capoeira nas imediações e o professor está incomodado com a brincadeira. A bedel então sugere às crianças que continuem brincando no gramado dos galhos como no outro dia.

As meninas resolvem brincar de "príncipes e princesas", como uma forma de incorporar os meninos à brincadeira. De início, meninos e meninas parecem não chegar a um acordo a respeito do que fazer com o enorme pedaço de ferro que serviu de "pique" para a outra brincadeira de princesas. Uma menina e um menino ficam um bom tempo discutindo sobre isso e levando o ferro com dificuldade de um lado para outro. Outras meninas varrem o chão com os galhos. Aos poucos a maioria dos meninos se dispersa e sai do local onde seria a brincadeira, só restando dois deles, que brincam de espada com os galhos, desempenhando o papel de príncipes lutando.

A brincadeira de princesas se inicia com uma perseguição entre elas. Como neste dia a bedel está por perto, gritam para ela como se fizesse parte da brincadeira: "Socorro, Cidinha, ela vai me pegar!" Depois gritam para mim: "Tia, me salve!" Eu, ao contrário da bedel, que permanece estática, dou a mão para uma delas, então me perguntam se eu não posso ser a madrasta da brincadeira.

Aceito o convite e começo a brincar com elas tentando interferir ao mínimo nas direções da brincadeira. Sou a madrasta de todas, mas ao contrário do outro dia, ao invés de persegui-las, a madrasta deve salvá-las de policiais que as estão prendendo (os policiais são representados por elas mesmas). Paralelamente, os dois príncipes continuam lutando, sem interagir com a brincadeira de perseguição das princesas (princesas-policiais-madrasta).

Depois de um tempo as princesas descobrem um grande tronco no chão (medindo por volta de 4 metros de comprimento); uma de suas extremidades está inclinada para cima, de modo que podiam sentar-se nele e balançar para cima e para baixo, como se fosse uma gangorra. A brincadeira então se transforma: um príncipe (imaginário) as prendeu naquele tronco balançante, elas não conseguem mais sair de lá (como se fosse um encantamento) e só poderiam sair se o tronco parasse de balançar. Essa brincadeira parece ser tão atrativa que outras meninas da classe se juntaram a elas, somando 7 princesas balançando no tronco enfileiradas.

Parece ser tão prazeroso balançar no tronco que é como se elas quisessem prolongar o encantamento, apesar de gritarem sem parar: "Socorro, parem o pau, me ajudem!", "O príncipe, aquele mau, aquele ordinário, prendeu a gente aqui!" Balançam um bom tempo, exclamando frases como essas. Porém, mais uma vez o recreio chega ao fim, e com ele a brincadeira.

Apêndice C – Descrição dos jogos de futebol realizados na quadra poliesportiva e no gramado

Os jogos de futebol realizados no espaço gramado eram denominados "cada um por si": não havia times, apenas um goleiro, meninos disputando a bola e procurando fazer gols; a bola só era passada para outro jogador quando o que estava em posse da mesma via-se totalmente encurralado. Nesses jogos, meninos de diversas turmas entravam e saíam do jogo e isso não parecia ser um problema; quando se queria jogar era necessário apenas aproximar-se e dizer "Tô brincando!"; enquanto isso, outro menino poderia sair sem avisar e brincar de pega-pega ou tentar "invadir" a quadra da capoeira. As "traves do gol" eram representadas respectivamente pelo muro da escola e por uma árvore; era um espaço relativamente pequeno para o gol, mas mesmo assim o goleiro "tomava" vários gols.

À diferença dos jogos de futebol do gramado, os jogos realizados na quadra poliesportiva apresentavam regras muito definidas e próximas dos jogos adultos. A quadra poliesportiva é um espaço físico dotado de demarcações espaciais específicas para jogos como o futebol; além disso, joga-se nela não só no período do recreio, mas também nas aulas de Educação Física, quando a atenção às regras específicas é fundamental. Não era possível simplesmente entrar ou sair no meio de um jogo na quadra. Ao início de cada jogo, formavam-se times, que em princípio deveriam jogar juntos até o final do recreio. Havia uma grande preocupação em fazer valer uma série de regras presentes nos jogos de futebol adulto (profissional), como a forma de iniciar um jogo, as cobranças de falta, as laterais etc. Isso não significa que nos jogos no gramado não houvesse regras. Havia delimitações espaciais para o jogo, o local do gol, as maneiras de realizar os passes de bola etc., mas elas não eram tão numerosas, rígidas e fechadas como as regras do futebol na quadra.

Anexos

Anexo A

A *Mummerehlen*, de Walter Benjamin.

"É numa velha rima infantil que aparece a Muhme Rehlen. Como na época Muhme nada significava para mim, essa criatura se tornou em minha fantasia uma assombração: a Mummerehlen. Os mal-entendidos modificavam o mundo para mim. De modo bom, porém. Mostravam-me o caminho que conduzia ao seu âmago. Qualquer pretexto lhes convinha.

Assim quis o acaso que, certo dia, se falasse em minha presença a respeito de gravuras de cobre. No dia seguinte, colocando-me sob uma cadeira, estiquei a cabeça – a isso chamei de 'gravura de cobre'. Mesmo tendo desse modo deturpado a mim e às palavras, não fiz senão o que devia para tomar pés na vida. A tempo aprendi a me mascarar nas palavras, que, de fato, eram como nuvens. O dom de reconhecer semelhanças não é mais que um fraco resquício da velha coação de ser e se comportar semelhantemente. Exercia-se em mim por meio de palavras. Não aquelas que me faziam semelhante a modelos de civilidade, mas sim às casas, aos móveis, às roupas.

Só que nunca à minha própria imagem. E por isso ficava desorientado, quando exigiam de mim semelhança a mim mesmo. Isso ocorria no fotógrafo. Para onde quer que olhasse, via-me cercado por pantalhas, almofadas, pedestais, que cobiçavam minha imagem como as sombras do Hades cobiçam o sangue do animal sacrificado. Por fim, sacrificavam-me a um prospecto dos Alpes, toscamente pintado, e minha mão direita, que deveria erguer um chapeuzinho de camurça, depositava sua sombra sob as nuvens e as geleiras do fundo. Porém, o sorriso forçado na boca do pequeno camponês não é tão desolador como o olhar do rosto infantil que mergulhava em mim à sombra da palmeira decorativa. Esta é comum naqueles estúdios que, com seus banquinhos tripés, seus gobelinos e cavaletes, têm algo do *boudoir* e da câmara de tortura. Estou em pé com a cabeça descoberta; na mão esquerda, um sombreiro enorme que deixo pendente com a graça estudada. A direita se ocupa com uma bengala, cuja empunhadura inclinada se vê em primeiro plano, enquanto a ponta se abriga atrás de um tufo de penas de avestruz que se derrama de uma jardineira. Bem à parte, ao lado do reposteiro, fica minha mãe, toda rígida, num vestido muito justo. Como se fosse um manequim, olha meu terno de veludo que, por sua vez, sobrecarregado de franjas e galões, parece ter saído de uma revista de moda. Estou, porém, desfigurado pela semelhança com tudo o que está à minha volta. Como um molusco em sua concha, eu vivia no século XIX, que está agora oco diante de mim como uma concha vazia. Levo-a ao ouvido.

O que ouço? Não é o barulho dos canhões e nem a música de bailado de Offenbach, tampouco o uivar das sirenes das fábricas ou a algazarra que ressoa, ao meio-dia, nos salões da bolsa de valores, nem o trotar de cavalos no pavimento da rua nem a marcha do desfile da guarda. Não, o que ouço é o breve estrondo do antracito caindo do recipiente da folha-de-flandres dentro da estufa de ferro, é o surdo estalo com que a chama da camisa da lâmpada de gás se apaga e o tinir de seu globo no arco de latão quando passa na rua um veículo. E ainda barulhos como o chacoalhar da cesta de chaves, as campainhas da entrada da frente e dos fundos; por fim, aparece também a pequena rima infantil: 'Atenção que a ti vou contar/Da Mummerehlen a história sem par.'

O versinho está deturpado; entretanto, cabe nele todo o mundo deturpado da infância. Já não se tinha lembrança da Muhme Rehlen, que outrora nele se achava, quando me foi explicado pela primeira vez. Seguir o paradeiro da Mummerehlen foi, contudo, ainda mais difícil. Ocasionalmente eu a supunha no macaco que nadava no prato fundo em meio aos vapores da sopa de cevadinha ou de tapioca. Tomava a sopa a fim de fazer mais clara sua imagem. Talvez morasse no lago Mummel, cujas águas dormentes talvez aderissem a ela como uma pelerine cinzenta. O que me contaram sobre ela – ou o que só quiseram me contar – não sei. Ela era o Mudo, o Movediço, o Tormentoso, que, como a nevasca nas bolas de cristal, nubla o núcleo das coisas. Às vezes, sentia-me carregado nesse meio. Isso me ocorria ao pintar com nanquim. Quando misturava as cores, elas me tingiam. Mesmo antes de colocá-las no desenho, me envolviam. Quando, ainda úmidas, se imiscuíam umas às outras, tomava-as no pincel com tanto cuidado como se fossem nuvens se diluindo.

Mas, de tudo o que reproduzia, minha preferência era a porcelana chinesa. Uma crosta multicor cobria cada vaso, vasilhame, prato, tigela, que certamente não passavam de artigos de exportação baratos. Porém, cativavam-me tanto como se, já naquela época, eu conhecesse a história que, mais uma vez, depois de muitos anos, me remeteu à obra da Mummerehlen. A história provém da China e fala de um pintor idoso que permitiu aos amigos admirarem sua tela mais recente. Nela estava representado um parque, um caminho estreito que seguia ao longo da água e através de umas folhagens e que terminava em frente de uma pequena porta que, no fundo, dava acesso a uma casinha. Eis que quando os amigos procuraram o pintor, este já se fora, tendo penetrado no próprio quadro. Ali percorreu o caminho estreito até a porta, deteve-se calmamente diante dela, virou-se, sorriu e desapareceu pela fresta. Assim também, com minhas tigelas e meus pincéis, subitamente me transportava para dentro do quadro. Assemelhava-me à porcelana na qual fazia minha entrada com uma nuvem de cores."[35]

Anexo B

O Corcundinha, de Walter Benjamin.

"Quando pequeno, gostava de olhar, durante os passeios, através das grades horizontais que permitiam que nos colocássemos diante de uma vitrine, mesmo quando, debaixo dela, se abrisse uma claraboia que servisse para prover um pouco de luz e ar a respiradouros nas profundezas. Essas aberturas mal davam para o lado de fora; abriam-se antes para o subterrâneo. Daí a curiosidade com que olhava para baixo através das barras de cada gradeado que pisava a fim de ganhar do subterrâneo a visão de um canário, de uma lâmpada ou de um morador. Nem sempre era possível. Mas, se durante o dia fossem vãs minhas tentativas, poderia acontecer que, à noite, a coisa se invertesse, e eu mesmo me tornasse presa em sonhos de olhares que apontavam para mim de tais aberturas. Eram gnomos de olhos

---

35 Benjamin, Walter. *Infância em Berlim por volta de 1900*. Op. cit., p. 99-101.

pontudos que os lançavam. Porém, mal me haviam assustado até a medula, já desapareciam.

A meu ver, o mundo que de dia povoava essas janelas não era rigorosamente distinto daquele que à noite se punha à espreita para me assaltar em sonhos. Por isso soube logo a que me ater quando deparei aquela passagem no livro de contos infantis, de Georg Scherer, que dizia: 'Quando à adega vou descer/Para um pouco de vinho apanhar/Eis que encontro um corcundinha/Que a jarra me quer tomar.' Conhecia aquela súcia sempre pronta a fazer dano e travessura e não estranhava que se sentisse na adega como em casa. Uma 'canalhada', isso é que eram. E logo me lembrava daqueles comparsas noturnos que, no princípio da noite, se encontram com o galo e a galinha: ou seja, a agulha e o alfinete que gritam: – Logo ficará escuro como breu. O que em seguida fizeram com o taverneiro, que os hospedara tão tarde, lhes pareceu apenas uma brincadeira. Mas a mim metia medo. O corcundinha era da mesma espécie. Contudo não se aproximou de mim. Só hoje sei como se chamava. Minha mãe me revelou seu nome sem que o soubesse. 'Sem jeito mandou lembranças', era o que sempre me dizia quando eu quebrava ou deixava cair alguma coisa. E agora entendo do que falava. Falava do corcundinha que me havia olhado. Aquele que é olhado pelo corcundinha não sabe prestar atenção. Nem a si mesmo nem ao corcundinha. Encontra-se sobressaltado em frente a uma pilha de cacos: 'Quando a sopinha quero tomar/É à cozinha que vou/Lá encontro um corcundinha/Que minha tigela quebrou.'

Onde quer que ele aparecesse, eu ficava a ver navios. Pois as coisas se subtraíam até que, depois de anos, o jardim se transformasse num jardinete, o quarto num quartinho, o banco numa banqueta.

Encolhiam-se, e era como se crescesse nelas uma corcova que, por muito tempo, as deixava incorporadas ao mundo do homenzinho. Andava sempre à minha frente em toda parte. Solícito, colocava-se no caminho. Fora isso, nada me fazia, esse procurador cinzento, senão recolher a meias de qualquer coisa que eu tocasse o esquecimento. 'Quando ao meu quartinho vou/Meu mingauzinho provar/Lá descubro o corcundinha/Que metade quer tomar.' Assim encontrava o homenzinho frequentemente. Só que nunca o vi. Só ele me via. E tanto mais nítido quanto menos eu me via a mim mesmo.

Penso que isso de 'toda vida', que dizem passar diante dos olhos do moribundo, se compõe de tais imagens que tem de nós o homenzinho. Passam a jato como as folhas dos livrinhos de encadernação rija, precursores de nossos cinematógrafos. Com um leve pressionar, o polegar se movia ao longo da superfície de corte; então se via imagens que duravam segundos e que mal se distinguiam umas das outras. Em seu decurso fugaz deixavam entrever o boxeador em ação e o nadador lutando contra as ondas. O homenzinho tem também imagens de mim. Viu-me nos esconderijos, defronte da jaula da lontra, na manhã de inverno, junto ao telefone no corredor, no Brauhausberg com as borboletas e em minha pista de patinação com a música da charanga, em frente da caixa de costura e debruçado sob minha gaveta, na Blumeshof e quando estava doente e acamado, em Glienicke e na estação ferroviária. Contudo, sua voz, que faz lembrar o zumbido da chama de gás, me cochicha para além do limiar do século: 'Por favor, eu te peço, criancinha/Que reze também pelo corcundinha'."[36]

---

[36] Benjamin, Walter. *Infância em Berlim por volta de 1900*. Op. cit., p. 141-142.

Esta obra foi impressa em Santa Catarina no inverno de 2011 pela Nova Letra Gráfica & Editora. No texto foi utilizada a fonte Minion Pro, em corpo 10,5 e entrelinha de 17 pontos.